問題解決教育の社内展開

本当に役立つ社内教育の進め方がわかる

鈴木洋司［著］

日科技連

まえがき

　本書をお読みいただく方々のなかには、筆者がこれまでに上梓してきた以下の著作を読まれているかも知れません。
　　『技術者の仕事の基本　問題解決力』
　　『技術者の仕事の勘所　問題解決実践力』
　これらは、筆者が富士ゼロックスにおいて、仕事を通じて培ってきた問題解決に関する考え方や進め方について、同社の問題解決教育で使われている実際の資料を用いて、具体的に説明した本です。本書は、上書で説明した問題解決に関する考え方や進め方を、どのようにして社内に展開してきたのかという視点で解説するものですが、もし上書をまだお読みでないようでしたら、この機会に本書とともにお読みいただくと、富士ゼロックスで展開している問題解決教育の全体像の理解に、より役立つと思います。
　企業活動は、世の中に存在する諸問題の解決へ向けた組織全体での問題解決活動であると筆者は考えています。だからこそ、企業で働く人には問題解決力が求められると考えています。一方、企業活動に参画していない人であっても、地域コミュニティーでの活動や、一人の人間としてより良い生活を送っていくためにも、あまり意識はされていないのですが、実は問題解決力が必要となるのです。筆者は、このような問題解決力を、問題を発見して解決へ向けた行動を実践できる力、すなわち「問題解決行動を実践できる力」として定義しています。そして、この問題解決行動を実践する目的を、個人としてだけでなく、組織としての成果を獲得するためとしています。問題解決力をこのように考えていくと、問題解決力を個人としての能力を高めるだけに留めていては満足するような結果を得られず、集団としての能力、すなわち組織力とか現場力と言われているような力を高めていかなければ、満足できる結果を得られないことがわかります。す

まえがき

なわち、集団を形成している人たちが同じような考え方や進め方で問題解決に取り組んでいけるようにしないと、全員のベクトルが一つの方向に向かないために集団としての総合力が高まらないのです。

したがって、問題解決教育を実施する場合には、個人的な視点とともに、集団的な視点が必要不可欠なものとなってくるのです。ところが、この集団的な視点で問題解決教育に取り組もうとすると、集団の中にはさまざまな考えをもち一筋縄ではいかないような人たちが数多く存在することから、このような人たちを始めとする集団に属する人たちをどのように巻き込んでいくのかが問題解決教育の成否を決する要素となるのです。このためには、実施しようとしている問題解決教育の内容や展開の方法について、正しさ、わかりやすさ、取り組みやすさなどの要素を、できるだけ盛り込んでいかなくてはならないのです。

問題解決教育の展開は現場との戦いといっても過言ではありません。だからこそ、問題解決教育をきちんと展開できている組織は現場力が高いのだと思います。本書では、筆者が富士ゼロックスにおいて取り組んできた問題解決教育の社内展開について、問題解決教育の内容を含めて紹介していきます。

2015年9月

鈴　木　洋　司

問題解決教育の社内展開
目　　次

まえがき……………………………………………………………………… iii

第1章　問題解決教育の必要性に関する認識の高まり …………… 1
1.1　ビジネス環境の変化　*1*
1.2　求められる人材像　*12*
1.3　問題解決力の定義　*24*

第2章　問題解決教育プログラムの整備 ……………………………… 35
2.1　問題解決スキルを育成するために欠かせない要素　*35*
2.2　教育要件に対応した教育コンテンツの検討　*71*
2.3　問題解決教育プログラムの品揃え　*123*

第3章　問題解決教育の導入と展開 …………………………………… 145
3.1　新人研修への導入　*145*
3.2　現場への展開　*172*
3.3　教育効果の検証　*195*

あとがき ………………………………………………………………… 209
参考文献 ………………………………………………………………… 211
索　　引 ………………………………………………………………… 213

第1章
問題解決教育の必要性に関する認識の高まり

1.1 ビジネス環境の変化

◆時代の移り変わり

　今、どのような企業においてもビジネスや仕事の変革やグローバル化が求められており、そのための取組み方としてイノベーションやワークライフバランスなど、いわゆる変革を誘発するような仕事のやり方や考え方が脚光を浴びています。その理由として考えられるのは、世界各国が、とりわけ新興国といわれる国々の企業が近年大きく進歩するなかで、いまだに日本だけが世界の進歩に大きく取り残されてしまっているという状況があります。かつての高度経済成長という大いなる成功体験が日本にとっての足枷になってしまい、日本はいまだに高い国際競争力をもつ強い国であるという郷愁に浸ったまま、まるで日本全体が茹で蛙状態になってしまったかのようです。これまで日本を支えてきた強みの源泉は「ものづくり」に関する技術やノウハウですが、この強みだけではもはや世界を相手に戦えない状況になったことを、もういい加減に真摯に受け止めて自覚しなければならないのです。

　今までは日本と比べものにならないほどのものづくりレベルであった新

第1章　問題解決教育の必要性に関する認識の高まり

興国が、ものづくりの力を徐々に身につけてきたことから、日本製品と比べて見劣りしないような品質で、更には日本とは比べものにならないほどの低い人件費を背景にした日本に勝る低価格で、さまざまな商品を世界中に提供するようになったのです（図表1.1）。これらの国々における低い人件費によるコスト低減効果が、ついに日本の技術レベルを上回ってしまうような状況になってきたのです。もう、かつてのようなものづくり大国として、安閑としていられるような状況ではないのです。

　一昔前のお話になりますが、このような新興国が日本の市場に製品を提供し始めた頃は、正直言って安かろう悪かろうといった出来栄えの製品ばかりで、いくら格段に安くてもとても購入する気にはなれないものばかりでした。実際にこのような国々で生産された格安電気製品を購入した人たちからは、「使い始めたらすぐに故障してしまった」などの声が聞かれました。ところが、このような国々が一生懸命になって勉強してものづくりの力を向上させてきたことから、近年では日本製に匹敵するような出来栄えのものづくりができるようになってきたのです。しかも、格段に低い人件費などのコストを強みに低価格で市場に参入してきたのです。これによって、日本の多くの企業が海外で生産するようになったことから、ものづくり産業の空洞化への懸念が叫ばれるようになったのです。これまでの

図表1.1　ものづくりに関する力関係の変化

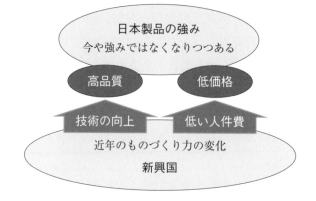

ように似て非なるものをいかにして安く効率的につくるのかという How to について考えているだけでは、もはや新興国に太刀打ちできなくなってしまったのです。日本のような国際的に見ても人件費が高い国で働く人たちが、昨日の仕事を今日、今日の仕事を明日という具合に、同じことを日々淡々と繰り返すような仕事をしていては、国や企業の国際競争力が低下していくだけでなく、ものづくり立国としての立場を失う懸念があるのです。

　日本国内のさまざまなお店で売られている商品を見ると、この傾向が顕著に見られるところがあります。例えば100円均一ショップをのぞいてみると、これまでの日本の感覚ではとても100円という低価格では販売できないような商品が、驚くほどたくさん店頭に並んでいます。もちろん、買い叩き品やB級品などの理由もあるとは思いますが、特に文房具や工具やアメニティーグッズなどのなかには、100円均一ショップが出現するまではもっと高い価格で売られていた商品が数多く見られます。それらの商品の生産国を見ると、かつて世界を席巻したメイド・イン・ジャパンという表記はほとんど見られません。しかも、このような傾向は100円均一ショップで売られているような低価格品だけに留まらず、次第に高価格品の領域にまで広がってきており、その傾向が家電量販店にも見られます。展示されている電気製品を見たときに、買いたくなるような、もしくは今すぐに買えるような価格帯になっている商品のなかには、やはりメイド・イン・ジャパンではない商品が数多く見られます。

　このような状況で、メイド・イン・ジャパンの商品の多くは相対的に高価格帯に位置しており、それらのなかには高価格の代償として高機能を付加しているように感じられる商品も見られます。たとえ高機能であっても、それが生活に必須で、しかも日常生活のなかで新たな付加価値を提供してくれると感じてもらえるような機能であれば、それはお客様の購入動機につながると思います。ところが、特に必要性を感じてもらえない付加価値にはならない機能であったとしたら、それは必要がない無駄な機能として捉えられてしまいお客様の購入動機にはつながらないでしょう。このよう

な購入動機につながらないような高機能をたくさん装備した商品を目にすることがありますが、もしこれが高い人件費を補うために、特に必要でない高機能を付加することで商品販売価格を高くしている結果であったとしたら、このような商品を市場に提供している企業の業績は決して望ましい傾向にならないのではないかと疑問に思うことがあります。

◆これからの時代に求められること

　商品を高価格で売るためにはそれに見合う機能を備える必要があります。そのためには市場にどのような付加価値を提供していくべきなのかという、いわゆるWhatについて考えなければならないのです(**図表1.2**)。すなわち、顧客満足を獲得するためには企業活動を通じて市場にどのような付加価値をもつ商品を提供していくべきなのかを徹底的に考えなければならないのです。この結果として他より優れたWhatを見出して、それをいち早く具現化できた企業が市場の勝利者となるのです。これからは、これまでのように欧米先進国で考えられたWhatをお手本として必死になって後を追っていた日本ではなく、欧米先進国と肩を並べて、あわよくば欧米先進国に先んじるために、自らWhatを考え出して発信していける日本にな

図表1.2　商品競争力の変化

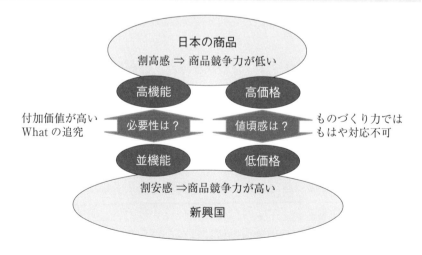

らねばならないのです。そのような、自らWhatを考え出していける企業、自らWhatを考え出していける人たちがたくさん集まって、日本の本来の強みであるHow toに根差したものづくりを基盤として、Whatを目指したものづくりが実現できる国にならねばならないのです。

　これからは、これまでの日本がお家芸としていた、どのようにつくるのかというハードウェアを基軸としたものづくり力を武器にしつつ、更に企業としての社会貢献やお客様満足にどのように対応するのかというソフトウェアを基軸としたものづくり力を、新たな強みとして育成し強化していかねばならないのです。かねてから日本に対して指摘されてきた、ホワイトカラー族の生産性が低い、ビジネス展開力が弱い、サービス産業の生産性が低いなどのソフトウェアに関する諸問題を解決していかなければ、これからの時代において世界を相手にしたグローバルビジネスに勝利できないのです。

　このようにビジネス環境が変化していくなかで、デフレ環境に長らく苦しんでいた日本経済にも、このところやっと日が差し込む兆しが見えてきました。好調な米国経済に引っ張られる形で、円安が進行することで日経平均株価が上昇し、積年の懸案であった失業率が低下し、大企業を中心にして賃金も徐々に上昇してきているようです。ところが、いまや年金生活者となった筆者を始めとする多くの日本国民が、いまだに景気の回復を実感できていません。現在の好況感は、アベノミクスに代表されるような金融面からの政策誘導が先行していることに起因しています。そのため、実態としての景気が実際に良くなってきていると実感できている人たちは、業績が上向きの大企業に勤めているサラリーマンなど、むしろ少数派です。このようなことから、多くの人たちはいまだに可処分所得の低下を否応なく強いられており、先行きの生活の不透明感に大いなる不安を感じているのです。

　しかも、いわゆる不景気な時代が1990年代以降長らく続いてきたことから、この年代以降に世に誕生した、今まさに学生生活を終えて社会に巣立とうとしている新入社員の人たちは、生まれてからこのかた社会全体が

活力にみなぎった右肩上がりの好景気状態の世の中を実感したことがないという事態に陥っている今日この頃です。このような社会経験をもった新入社員がこれから長期間にわたって企業に入社してくるということは、一昔前に問題となったゆとり世代で育った学生が大量に企業に入社してくるという事態とともに、これから世界を相手にして戦わなければならない企業にとっては深刻な、そして一刻も早く解決しなければならない問題なのです。

　少子高齢化という時代の波の中で年々低下していく企業の現有組織力を維持向上していくために、毎年入社してくる数少ない新入社員を短期間に育成して、年々年老いてやがては退職していく現役社員にとって代わる戦力へといち早く育て上げていかないと、日本企業の将来は危うくなるばかりです。これからの日本にとっては、新入社員、さらには若手社員に対する早期戦力化のための人材育成が、生き抜いていくためのKFS(Key Factor of Success：成功のカギ)なのです（**図表1.3**）。

　筆者は退職するまでのほぼ10年間にわたって新人研修に携わり、これまでに約1千人の新入社員に接するなかで、毎年入社してくる新入社員の全体観にある一定の変化傾向を感じていました。それは、良い言い方をすれば、新入社員が年々より手が掛からない良い子になっていくという変化傾向です。ごく一部のオチャラケ人間の存在や全体的に集団規律に乏しい

図表1.3 これからの時代を生き抜くカギ

という傾向は相変わらずですが、言うことはよく聞くし、物事はきちんとできるし、みんなが良い子で仲良しで、もめごとや争いごとをしない新入社員が年を追うごとに徐々に増えてきているのです。手が掛からない良い子ばかりでしたので、新人研修のトレーナーにとっては心配事が少なく、ありがたい状態でした。毎年の新人に対する総体イメージを一言で表現されることがあります。何年か前に「お掃除ロボット型」と表現されたことがありました。理由は、「よく動き回るが障害があると乗り越えられない」という新入社員を揶揄したもので、まさに言い得て妙で、ここ数年の新人たちを適確に捉えた表現だと思います。ただ、近年はお掃除ロボットのほうが進化してきていて、障害を簡単に乗り越えてしまうような優れものも出始めてきているようですが……。新入社員にこのような傾向が見られる理由には、採用条件を始めとする企業側にかかわる要素も多々あるとは思いますが、それらの要素を勘案したとしても、新入社員自体に何らかの変化が起きているように感じます。

　かつて、あるビジネス誌の記者から取材を受けたときに、「ゆとり教育で学生時代を過ごした学生がいよいよ本格的に入社してくる時代になって、今や各企業の採用および教育担当者は戦々恐々としている」というお話を伺ったことがあります。なぜなら、ゆとり世代として育った彼らは、しっかり勉強しない、困難や逆境を嫌う、チャレンジをしないなどの傾向があるからだそうです。ゆとり教育は教育行政から見直しがかかって徐々に改善されつつありますが、一方で、先ほど述べたような長い経済停滞に伴う成長実感が得られない社会環境で育ったことによると思われるような、半ば諦め的な体質が際立つようになってきたのです（図表1.4）。成長とはどういうことなのか、そのためには何をなすべきなのか、そして自分自身はどうあるべきなのかなどについて、いろいろと考えたり、さまざまに取り組んだり、数多くの成果や失敗を味わったりという経験を、彼らは学生時代に豊富に積み重ねることが、かつての学生のようには十分にできなかったのです。

　日本という国は高度経済成長期における多くの先達の努力と苦労により、

図表1.4　新入社員の気質

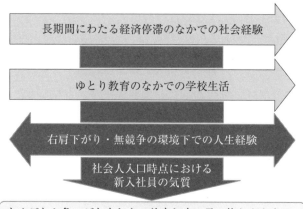

- 長期間にわたる経済停滞のなかでの社会経験
- ゆとり教育のなかでの学校生活
- 右肩下がり・無競争の環境下での人生経験

↓

社会人入口時点における新入社員の気質

もめごとや争いごとをしない仲良し良い子、悔しがらない、障害を乗り越えようとしない、チャレンジしないなど

安全で安心な世界的にも屈指の豊かな国となっています。このことが、企業に入社してきた新入社員たちが、たとえ学生時代にさまざまな苦労経験を積み重ねることがなかったとしても、そのことが特に彼らにとって何ら支障がないような社会になっていたのです。このような、ゆとり教育と長い経済停滞というダブルパンチの影響を受けながら学生時代を過ごした学生が、新入社員として会社に入社してくるようになった結果、どのようなことが起きたのでしょうか。

◆今問題として認識すべきこと

　筆者が在籍していた富士ゼロックスの技術系新人研修では、グループワークを通じて問題解決に取り組む教育プログラムを数多く体験するようになっています。そこで新入社員たちは、与えられた課題に対してより良い成果を獲得するためにグループワークを行い、成果の出来栄えを競技会でお互いに競いながら、成果の出来栄えを更に高めていくような取組みを行います。

　ある年、この技術系新人研修の一部をオブザーブした中学校の教育委員

会から派遣された先生が、「競技会で良い結果を出せずに他のグループに負けているのに、なぜ彼らはヘラヘラと笑っていて悔しがらないのですか？」とけげんそうな顔つきで疑問を投げ掛けてきたのです。そうなのです。成果の出来栄えを競い合う競技会で不甲斐ない結果を出したにもかかわらず、唇を噛みしめて悔しがる素振りを見せるどころか、照れ隠しなのかヘラヘラと笑っていて一見して楽しそうにしているのです。他に負けないように少しでも良い結果を出そうと一生懸命に取り組み、結果が良くなかったら素直に悔しがって、次は負けないように頑張ろうといったような泥臭い姿勢が全体的に見えてこないのです。優等生が淡々と取り組んで、出てきた結果を単なる結果として平静に受け止めているだけで、他に負けない良いものをつくろうという想いが彼らから感じとれないのです。新入社員と毎年接していて、このような傾向が年々拡大しているように感じられるのです。なぜでしょうか。ゆとり教育の影響もあるかと思いますが、長い経済停滞の影響を受けて何をやっても無駄で良くならず、成果を実感できないという状態がもし彼らの潜在意識に根づいてしまっているとしたら、これは重大事だと思います。

　筆者が新卒で入社した時代は、日本全体がオイルショックという大変な経済問題に直面している真っ最中でした。活力がみなぎっていた当時の日本は、たちまちの間にこのオイルショックを乗り越えて、再び高度経済成長の軌道を取り戻すことができたのです。そして、企業の売上や経常利益といった業績が毎年向上していき、それに伴って企業で働く社員の給料が毎年上昇していくことで、先行きが明るく、明日への期待をもてる状態で仕事に取り組めていたのです。例えば、マイホームを購入して多額の住宅ローンを組んだとしても、数年も経てば給料の増加でローンの支払いが相殺されてしまうような経済状況でした。すなわち、このような時代においては、働いた結果としての成果を実感しやすかったのです。

　ところが、このような日本にとって我が世の春的な時代も、やがて晴天の霹靂のごとく襲い掛かってきたバブル経済の崩壊によって、急速に衰退してしまいました。それまでは当然のように信じきっていた毎年の給料の

上昇が止まり、やがては給料が低下してくという、いまだ経験したことがない未曾有の事態が私たちの生活に降りかかってきたのです。まさに経済停滞の始まりで、一生懸命働いても現状の維持ができたら上出来で、働いた成果を実感し難いどころか、働いても事態が更に悪くなっていくという、まさに絶望的な状態に陥ってしまったのです。石川啄木の「はたらけどはたらけど猶わが生活楽にならざりじっと手を見る」のような世界が長らく今日まで続いてきてしまっているのです。では、このような状態を打破するために、私たちはどのように立ち向かっていったらよいのでしょうか。

そのキーワードは、バブル経済が崩壊した理由の中に存在しています。バブル経済が崩壊する直前の日本は、日経平均株価がみるみる上昇して3万円を大幅に超えるような異常な経済情勢になっていたのです。この結果、多くの企業がものづくりという企業の本来の目的を見失ってしまい、業績の大半を土地などの所有資産の経済的価値の向上に依存するようになってしまったのです。つまり、実態を伴わない業績に酔ってしまったのです。この結果、日本の保有資産が膨大になったことから、米国の老舗ビルディングや文化遺産を買い漁るようになって、米国国民から大いなる顰蹙を買うまでに至ってしまいました。当時、このような事態をバブル経済として警鐘を鳴らしていた知識人もいましたが、多くの企業がこの甘い罠に陥ってしまったのです。多くの企業が自社の商品やサービスの売上を高めることよりも、自社株や保有株などの保有資産の財テクに高い関心を示すようになってしまい、実際にそのような企業が手にする利益の多くが財テクの成果で占められるようになってしまったのです。すなわち、日本企業の多くが、それまでの日本の強さの源泉となっていたものづくりの力で利益を獲得していくことを、いつの間にか放棄してしまっていたのです。これが諸悪の根源であったのです。

企業は、社会の発展に貢献し、お客様の満足を増大させるような付加価値をもつ商品を市場に提供し続けることで、社会からその存在意義が認められるのです。改めてものづくりの原点に戻って、世の中に役に立つ商品やサービスを市場に提供していくことに全勢力を注いでいくことが必要な

のです。これまでの長い不景気な時代を悪しき教訓とするならば、年々入社してくる新入社員をいち早く士気の高い即戦力とするための人材育成に日々取り組みながら、日本の本来の強みであるHow toに根差したものづくりに加えて、Whatを目指したものづくりを実現していかなければなりません。このことを真摯な態度で学ばなければならないのです(**図表1.5**)。

　何を「つくるのか」「どうつくるのか」この2つの観点が、これからの時代において重要なキーワードとなるのです。そして、このキーワードを踏まえた取組みが、社会貢献ならびにお客様満足の実現へ向けた問題解決なのです。すなわち、今解決すべき問題は何であるのかを私たち一人ひとりが常に考えながら、社会に役立つ仕事に日夜取り組むということです。今まさに日本全体でこのような取組みを行っていくことが求められているのです。産業資源の自国埋蔵量が乏しい日本は、その産業資源を諸外国からお金を払って輸入して、その産業資源にものづくり技術で磨きをかけて高い付加価値を付与して、その産業資源を商品として諸外国へ輸出することでお金を稼ぐという、いわゆる加工貿易立国を究めていかなければなら

図表1.5　今求められていること

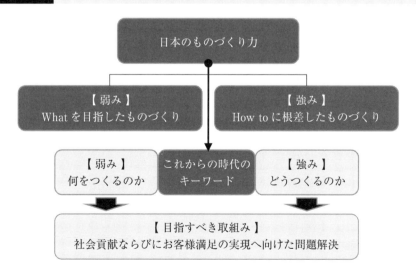

ないのです。そして、この高い付加価値を付与するために問題解決力が大いに役立つのです。

　筆者が勤務していた富士ゼロックスもこの例外ではなく、長らく続いた不景気な時代のなかでの業績低迷を打破するために、従来からの経営の主軸であるメーカーとしてのものづくりビジネスだけでなく、お客様の問題を発見して解決へ向けた解決策を提供するというソリューションビジネスを、新たなる基軸とするためのビジネス変革に取り組むことになったのです。そして、このビジネス変革を実現するために、社員一人ひとりの問題解決力を育成強化することを通じて社内で問題解決を風土化するという指針が打ち出されたのです。

1.2　求められる人材像

◆今求められている取組み

　前節で、「何をつくるのか」「どうつくるのか」この2つの観点が、これからの時代において重要なキーワードとなると述べました。この2つの観点からの取組みが問題解決そのものを意味しているということについて、もう少し説明を加えます。何をつくるのかということは何が問題なのかということであり、これはWhatについて考えるということです。どうつくるのかということはどう解決するのかということであり、これはHow toについて考えるということなのです。この両者のなかでもWhatについて考える「何が問題なのか」という観点が特に重要であり、問題解決的にいえば、これは問題を発見するということなのです。問題を発見できなければ解決が始まらないのは至極当然のことなのですが、日本が欧米をお手本としていたこれまでの時代においては、何をすべきかについては欧米が考えてくれていたことから、日本は問題を発見するということを特に意識する必要がなかったのです。ということは、極論ですが、「これまでの日本においては問題解決に取り組んでいなかった」ということができると思い

ます。

　筆者の拙い経験をもとにしていえば、これまでの日本においては改善という言葉は耳にタコができるほど聞かされましたが、問題解決という言葉はほとんど聞いた記憶がありません。例えば、トラブルが発生したので、トラブルの原因に対して対策を実施して改善する、といった具合に……。しかし、自他ともに今や欧米と肩を並べる立場になったこれからの日本にとっては、もはや欧米はお手本ではなく、むしろ自ら問題を発見して欧米に向かって発信していかなければならなくなったのです。例えば、トラブル発生の背景としてこのような問題を発見したので、その問題が発生しないあるべき姿を実現するために問題解決に取り組む、といった具合にです。すなわち、発生したトラブルを抑え込むための対策を立案して実施するといったような単純な取組みではなく、

- 発生したトラブルにかかわる一連の背景のなかに存在する悪さを見出して
- 悪さに関するなぜなぜを通じてトラブルが発生する現状を把握して
- そのような悪さが存在しないあるべき姿を想像して
- あるべき姿と現状とのギャップを問題として認識して
- あるべき姿の実現へ向けて問題を継続的取組みで解決していく

というような、トラブル発生の裏に潜む悪さの本質を捉えるように取り組まなければならないのです(**図表1.6**)。

　このような取組みを行うことで、あるべき姿という形でWhatが明確になり、継続的取組みという形でHow toが明確になります。このあるべき姿というWhatが抜本的な改善を促すことになることから、改善に付き物であった対策の二次障害やトラブルの再発を防止することができるようになり、やがては変革を誘発することにつながっていくのです。これからの日本は、このような問題解決を自ら実行できる能力をもつ人たちが集まった国でなければならないのです。

図表 1.6　今求められている取組み

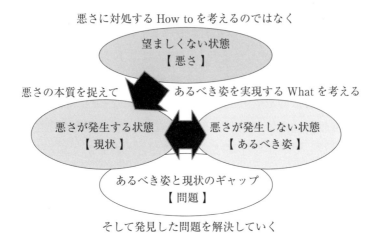

◆ **今必要とされている能力**

　人の能力は、「人を動かす力」「記憶する力」「考える力」の三軸で評価されるといわれています。人を動かす力とは、人が人として生きていくためにいつの世にも必要とされる普遍の力です。この力が乏しい人は組織や周囲の人たちからつま弾きにされがちになるなど、人の存在価値にかかわるほど三軸のなかでも最も重要な力です。記憶する力とは、実際にものをつくるための知識や経験やノウハウを知見として頭の中に蓄積しておく力です。How to を基軸としていたこれまでの日本においては、人を動かす力とともに幅を利かせていた力です。考える力とは、身の周りにあるさまざまな情報をもとにして更なる情報や新たな概念を生み出す力ですが、What を基軸としていかなくてはならないこれからの日本においては、人を動かす力とともに幅を利かせていかねばならない力です。この考える力と人を動かす力の二軸で構成される領域が、周囲の人を巻き込みながら組織として成果を上げていく力、すなわちこれからの時代に必要欠くべからざる問題解決力を示しているのです（**図表 1.7**）。世の中のさまざまな情報のなかから、社会貢献や顧客満足とは何なのか、そして何をすべきことな

1.2 求められる人材像

図表 1.7 これからの時代に求められる能力

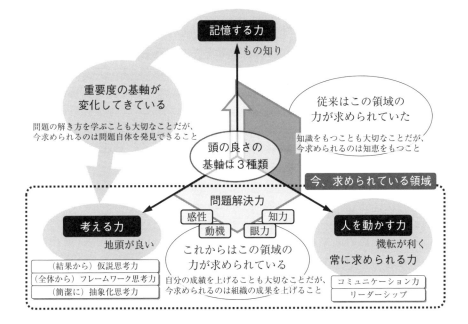

のか、といったことを関係者とともに考えて、そして関係者とともに具現化していくことができる能力をもつ人材、すなわち組織としての成果を上げられる人材が、今求められている人材なのです。

富士ゼロックスの新人研修での話に戻りますが、毎年入社してくる技術系の新入社員を「人を動かす力」「記憶する力」「考える力」の三軸で評価すると、以下のようになります。

- **人を動かす力**：勉強一筋で仲間とのかかわりが少なかったためか、コミュニケーション能力に欠ける。
- **記憶する力**：物事を覚えて知識にすることは優れているが、知識を活用する能力に欠ける。
- **考える力**：すぐにネットや知見者を通じて答えを探そうとして、自らの考えで答えを出す能力に欠ける。

このような新入社員を筆者は、「優秀だけど使えない」と評しています。

第 1 章　問題解決教育の必要性に関する認識の高まり

　初等中等高等教育を経て大学から大学院という教育過程を経て、学生たちは高レベルの知識を頭に叩き込んで受験問題という難問の解き方を学んできます。ところが、現在の学校教育では、仲間とかかわったり、学んだことを実生活で活用したり、自ら答えを考えたり、といったような問題解決に必要となる要素を経験できるグループワークに十分取り組むことができていないのです。

　筆者はこれまで現役の学校の先生方とともに、学校教育のなかに問題解決教育を取り入れるための議論を重ねてきました。その議論のなかで学校の先生方は、「問題解決教育をどんなに取り入れようと思っていても、現状の教育カリキュラムをこなすことに精一杯で、新たなカリキュラムとして取り入れられるような余裕はほとんどないし、またそのような問題解決教育を行うためのスキルも教材も持ち合わせていない」と異口同音に訴えます。学校教育でのこのような状況を裏付ける一つの事実があります。これは、新人研修を受講した後の新入社員による研修アンケートを読むと明らかであり、「今までコミュニケーションというものを勘違いしていた」「これまでの学校教育を通じて、本格的なグループワークに取り組んだことや、みんなと一緒に考えるという経験をしてこなかった」というコメントが数多く見受けられます。さらに、「学校で学ぶことができなかったことを新人研修で学ぶことができた」とも言っています。

　でも、このような状況は入社したての新入社員だけでなく、かつて同じような学校教育を通じて学んできた現役社員に対しても当てはまることだと思います。いわば企業で働く全社員に共通していることであるともいえます。問題解決に必要となる要素を学校教育で学べないとしたら、企業内研修を通じて学べるようにしなくてはならないのです。学校側もこのような状況に問題意識を持ち始めてきていて、心ある先生方が中心となって学校教育のなかで問題解決スキルを養っていこうとする動きも出てきています。

　しかし、問題解決力を身につけた学生が新入社員として入社してくるようになるまでには、まだまだ10年以上の長い時間が掛かると思います。

だからこそ、これからの日本企業にとって問題解決力が必要不可欠であるとの認識をもてばもつほど、社内での問題解決力の育成が日本企業にとって重要な人材育成課題となるのです。

◆今求められているのは問題解決力

　企業側が問題解決力の必要性を認識していることを裏付ける事実があります。少し古い話になりますが、日本が不況に喘いでいた2003年に、当時の各企業の人事担当者からビジネスの基礎能力として今後必要と思われる力を調査した結果が公表されました。その結果を見ると、今後必要と思われる力としてリストアップされたなかでも、近年になって特にその必要性が増しているものは、次のとおりです。

- 問題を発見する力
- 論理的に考えられる力
- 常に新しい知識などを身につけようとする力
- 行動力・実行力

　これらの力はすべて問題解決力にかかわるものばかりです。問題解決力はこのようないくつかの力で構成された総合実務能力として考えられますが、既に各企業の人事担当者は問題解決力をもつ人材を求め始めていたことがわかります。このような力をもつ人材を、いかにして採用するのか、いかにして育成するのかなどが、既に各企業の人事担当者の課題になっていたのです。

　会社とは何か。唐突な問い掛けですが、筆者は新入社員に対してこのような質問をすることがあります。そこで彼らから返ってくる言葉は、お金を稼ぐところに始まり、仕事をするところ、商品を生み出すところ、果ては自己実現するところなどさまざまです。ついこの間まで学生で社会人経験に乏しい彼らにとっては精一杯の答えであり、どれ一つとして間違いと即断できるものはないと思います。ここで、筆者は彼らに「会社とは世の中に存在する諸問題の解決へ向けた組織全体での問題解決活動に取り組むところ」と説明しています。具体的には、「いろいろな想いやスキルをも

つ人たちが出会い、その想いやスキルを拠り所として自己実現を図るための仕事や組織が集まり、そこでお互いに触発し合いながら問題解決に取り組むことを通じて新たな付加価値とは何かを想像し、そして社会貢献やお客様満足を実現していくところ」と説明しています(**図表1.8**)。だからこそ、「会社で働くということは、決められた仕事をすることではなく、問題解決に取り組むことである」とも説明しています。なぜなら、会社が問題解決活動に取り組むところであるのだから、そこで働くということは問題解決に取り組むということであると考えなければならないのです。「だから会社で働く社員には必須基盤スキルとして問題解決力が求められる」と彼らへの期待を提示しています。これは必ずしも新入社員に限ったことではなく、これからの日本で働く人たちすべてに当てはまることで、問題解決力が必須基盤スキルとして当然のごとく求められていることを改めて強く意識しなければならないのです。

問題解決力とは何か。再び唐突な問い掛けですが、この問い掛けに対してもさまざまな言葉が返ってくると思います。ここで問題解決力に関する定義づけを行うつもりはありませんが、富士ゼロックスにおいて問題解決

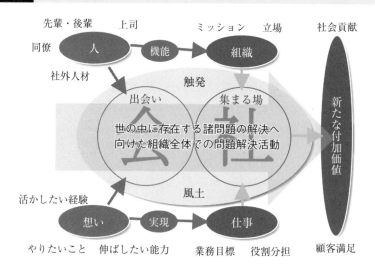

図表1.8　会社とは何か

教育に取り組むに際して、筆者は問題解決力を以下のように考えました。

　問題解決力 ⇒ 問題を発見して解決へ向けた行動を実践できる力

すなわち、問題解決力を単なるスキルとしてではなく、実務で実践するための行動特性という視点で捉えているのです（図表1.9）。この視点がとても重要であり、問題解決力をこのような視点で捉えることによって、問題解決教育に関するこれまでの問題点や、これからなすべきことをとても良く認識できるようになってきたのです。筆者が富士ゼロックスにおいて展開してきた問題解決教育の原点は、この視点にあるのです。

◆これまで行われてきた問題解決教育

筆者が取り組む以前においても、人材育成や教育に熱心な富士ゼロックスでは、社内外で実施される数多くの問題解決教育を通じて数多くの社員に教育を行っていました。ところが、社長を始めとする経営陣からは相変わらず問題解決力の低さを指摘されていました。たしかに、問題解決教育を実施しているにもかかわらず、トラブルが減少してきたといえるほどの有意なトレンド変化は見られないし、同じようなトラブルがあちらこちらで顔を出していて再発防止ができているとは思えないし、市場へ投入した商品の品質が年々向上しているわけでもないというような状況でした。このような状況は何も富士ゼロックスに限ったことではなく、多かれ少なか

図表1.9　問題解決力とは何か

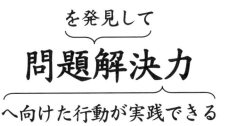

問題解決力とは、
問題を発見する力、課題を設定する力、課題を解決する力
の集合体である

れどのような企業においても見られることだと思います。事実、ある自動車メーカーにおいても自社の同様の状況に問題意識をもっていると聞いています。なぜなのでしょうか。数多く実施されてきた問題解決教育が、期待されている効果をほとんど発揮していなかったと考えられます。なぜなのでしょうか。

　問題解決らしくなぜなぜで迫ってみましたが、実は問題解決力に対する認識の仕方自体に問題があったのです。問題解決力というと、多くの人たちがQC七つ道具に代表されるような統計的手法に関する知識や活用方法の単なる集合体をイメージすると思います。このようなイメージで問題解決教育が行われてしまうと、統計的手法に関する知識や活用方法の理解や習得を狙いとした教育内容になってしまいます。筆者の問題解決に関する長年の現場経験でいえば、統計的手法に関する知識や活用方法を理解・習得しただけでは、学んだことは知識として頭の中に留まるだけで、実務で役立つようにはなり難いのです。ところが、このような教育を受講して知識がついただけで、受講者は問題解決力が身についたと思い込んでしまうのです。

　例えば、QC七つ道具の一つである特性要因図について、その内容や活用方法について学び、そして作成方法を習得したとします。このような教育を受講した後に、現場の実務のなかで問題解決に取り組むことができるのでしょうか。特性要因図を作成することすらしないで、特性要因図に関する知識を頭の中にしまい込んだままにして、教育を受ける前と同じような仕事をしているかもしれません。統計分析手法についても同様で、分析のやり方だけを知識として学んだとしても、実務のなかで問題解決に取り組むことができるとは思えません。特性要因図や統計分析手法に関する知識を学ぶことは必要であり大切なことなのですが、さらに大切なことは実務で実践するための難しさを学んで、この難しさを乗り越えるための実践の勘所を学ぶことなのです。この実践の勘所が現場実務で役立つのですが、富士ゼロックスにおいてはこのような勘所を学べるような問題解決教育が筆者が教育に携わるまでは実施されてこなかったのです。これでは問題解

決力が身についたとはとてもいえないと思いますが、筆者はこれまでにこのような状況を実際に数多く見てきました。

このことに関する富士ゼロックスにおける一つの事実が、昇格を目前にしているにもかかわらず昇格論文を上手く書けない中堅社員が少なからず存在していたことなのです。実は、この事実は重大な意味をもちます。昇格論文には昇格対象社員のレベルに応じて適切な論文テーマが設定されますが、共通する視点は、これまでどのような問題解決に取り組んできたのかについて問うことで、昇格に値する問題解決力を有しているのか否かについて判断する点です。昇格論文は基本的には昇格対象者が自ら作成するものですが、要所においては直属上司である管理職からの添削指導を受け、最終的には部門長からの内容承認が必要となります。このような過程を経て完成した昇格論文が上手く書けていないとは、一体どういうことなのでしょうか。昇格は対象社員にとっては当然のこととして、組織としても重大関心事であることから、直属上司である管理職も部門長も最新の注意を払いながら適切に対処しているはずです。この事実から推測できることは、このような人たちには問題解決力が十分に身についていないのではないのか、ということです。これが、ただ単に知識として知っているということと、実務で実践できる力をもっているということの違いなのです。実務で実践できる問題解決力をもっていないから、適切な論文指導ができないのです。これは氷山の一角であり、一事が万事であり、この昇格論文と同じような事態が実際の実務においても起きていると想像するに難くないのですが、問題解決力が十分でなくても特に不都合なしに仕事はできてしまうのです。

昇格論文の事例だけでなく、このような管理職や部門長が主体となって取り組まれる方針展開・管理においても同様で、経営層から提示される年度方針を伝言ゲームのように自組織内の最下位層に至るまで展開するだけで、一見するときちんと遂行されているように見えても、この方針展開を通じて、どのような問題が存在していて、その問題をどのように解決していくのか、という視点に乏しい展開例を見ることがあります。さらに、方

針展開に伴う半期もしくは年度レビューにおいても、単なる活動結果のまとめと通り一遍の反省に留まっていて、実現すべき狙いや目標がどの程度達成できているのか、活動を通じて何が良くて何が悪かったのか、これからどのように軌道修正していくのかなどの検討が十分に行われていない実施例を見ることがあります。しかし、このレベルの取組みであっても仕事は進んでいくので、問題解決力を発揮できていないことが特に問題にはならないのです。問題解決力を適確に実践すれば、より良い方針展開やレビューを実施することができて、より良い成果を獲得することができるはずなのに、余程の大問題を引き起こさない限り、特に問題にされることがないのです。このようなことは日本のほとんどの企業で見られることだと思います。このようなことが、今叫ばれている日本全体の生産性の低さにつながっているのだと思います。

このように、問題解決力の高低によって仕事の出来栄えの良し悪しは大きな影響を受けるのですが、仕事の出来栄えの悪さが問題解決力の低さという問題認識になり難いことが、問題解決力の怖さなのです。今まで問題解決教育として実施していた教育は知識レベルの教育に留まっていて、現場実務での実践につながる勘所を学べる問題解決教育が実施されていなかったのです。今求められる人材像は、このような知識だけに留まっている人材ではなく、学んだことを実務のなかで適宜実践していくことを通じて実際に問題を発見し、実際に問題を解決し、そして実際に一連の問題解決行動を遂行していける人材なのです。これが教育を通じて早急に育成しなければならない問題解決力をもつ人材である、と筆者はイメージしたのです。そのためには、そのような人材を育成できるような、実務での実践に結び付く問題解決教育を実施することが必要なのです。

◆**これから取り組まなければならない問題解決教育**

以上を踏まえて、富士ゼロックスでは問題解決教育を実施する際に、これからの時代の社員に期待する人材像として、教育を通じて育成すべき人材像を次のように明確化しました(**図表1.10**)。

図表 1.10　これからの時代に求められる人材像

企業の将来への更なる持続的成長へ向けて、
自分を取り巻く環境変化を敏感に感じとり、
解決すべき問題・課題を自ら発見し、
解決へ向けて自ら職場をリーディングできる人材

↓

基礎能力として問題解決力をもつ人材

　　　問題解決人材　　　

- 企業の将来への更なる持続的成長へ向けて
- 自分を取り巻く環境変化を敏感に感じとり
- 解決すべき問題・課題を自ら認識し
- 解決へ向けて自ら職場をリーディングできる人材

　そして、この人材像を育成するために必要となる問題解決教育プログラムを体系的かつ網羅的に整備拡充していったのです。さらに、問題解決教育を通じてこの人材像を受講者に都度提示していくことによって、教育する側と教育される側との間で実現すべき求められる人材像の共通イメージを、全社に共有していったのです。

　「失敗の勧め」という言葉をよく耳にします。この言葉は失敗を数多く経験すること自体を勧めているのではなく、失敗を通じて二度と同じような失敗をしないような、更にはより良い状態に向かうための教訓を学ぶことを勧めていることを決して忘れてはなりません。だからこそ、失敗を通じて教訓を引き出して学びとる能力が求められているのであり、この能力がまさに問題解決力そのものを示していることから、今まさに問題解決力を身につけた人材が人財として社会全体から求められているのです。問題解決力というと妙に技術っぽく聞こえてしまうことから、企業で働く技術職に従事している人たちに対して求められるものであると思われがちですが、企業で働く営業職やスタッフ職に従事している人たちに対しても、初等・中等から大学・大学院に至る諸学生に対しても、果ては家庭の主婦に

対してまでも、人として人生を生き抜いていくためにあらゆる人たちに必要とされている能力なのです。

1.3 問題解決力の定義

◆問題解決力とは何か

求められる人材像が明確になったら、次の段階で必要となることは、この求められる人材像が兼ね備えるべき能力である問題解決力というものが、どのようなものであるのかについて明確にすることです。問題解決力が低い、だから問題解決力を強化したい、そのために問題解決教育を実施する、という言い方をされているときの問題解決力とは、どういうものなのでしょうか(**図表 1.11**)。これまでは問題解決力が低いから問題解決教育を実施することがストレートに、すなわち問題解決力が一つのスキルであるかのごとく理解されていたと思います。しかし、実は問題解決力がこのよう

図表 1.11 問題解決力に関する基本認識

問題解決力とは、
　事実データをもとにして論理的思考や顧客満足思考を展開することで
　・変革を促す本質的な問題を発見することができて、
　・その問題を抜本的に解消するための課題を設定することができて、
　・その課題を効率的に解決するための活動を遂行することができて、
　組織の成果を上げるために関係者を巻き込んだ取組みを展開することができる総合的な能力、すなわち仕事の進め方を指し示すものであり、この一連の取組みを通じて求められるものは、
　　　・目先の問題に対して手を打つ対症療法的な改善に留まらない、
　　　・問題を派生させている根源に手を打つ根治療法的な改革であり、
　新たな価値を生み出す本質的な業務プロセス変革につながる成果である、といえる。
問題解決力とは、
　QC 七つ道具に代表されるような統計的手法に関する知識や活用方法の単なる集合体ではなく、実務で問題解決行動を実践するための総合実務能力、すなわち変革により組織成果を上げるための仕事の基本である。

な理解のされ方をしていたことに、問題解決教育を実施しても問題解決力が身につかないという事態を引き起こす原因があったのだと思います。

　筆者は富士ゼロックスに入社してから退職するまでの間に、研究→開発→設計→生産準備という商品開発の上流から下流に至る一連のプロセスにおける主要な部署での仕事に従事しながら、どのようにしたら高い品質や高い信頼性を商品につくり込むことができるのかを常に考えながら一貫して問題解決に取り組んできました。そして、その経験を通じて得られた問題解決力に対する一つの結論が、前述した「問題解決力とは問題を発見して解決へ向けた行動が実践できる力」という、行動特性としての能力だったのです。しかも、問題解決力とは一つのスキルとして語れるような単純な能力ではなく、まさに仕事の基本といえるような、さまざまなスキルで構成された総合的な実務能力のこと、すなわち誰にでも求められる仕事の基本そのものでした。

　言い換えると、問題解決力が低い人とは仕事の基本ができていない人、すなわち総合的な実務能力がない人といえるほどのものであったのです。問題解決を、今何が問題で、その解決へ向けて何をすべきなのか、ということを考えながらものごとに取り組むことという概念で捉えるなら、これはあらゆる仕事に共通する仕事の基本であり、更にいえば、人生を生きる基盤としての力そのものということができます。このような認識にもとづいて、問題解決力とはどのようなものなのかについて定義していったのです。

◆**問題解決に関する誤解**

　ここで、問題解決と改善との違いについて、筆者の見解を説明しておきたいと思います。改善とは、読んで字のごとく、ものごとを善い形に改めることです。トラブルなどの望ましくない状態が発生したときに、この状態の続発を食い止めるような対策を講じることで、以後は発生しないように改めることです。このときに、トラブルなどの望ましくない状態が発生したことを問題として、この状態の発生を食い止めるような対策を講じる

第1章　問題解決教育の必要性に関する認識の高まり

ことを解決として、問題と解決という概念がこのような形で各々認識されてしまうと、これは問題解決に取り組んだものということもできます。それでは、改善も問題解決もどちらも同じことを指していて、両者の間に本質的な違いがないように思えてしまいます。

　例えば、成人病の悪化という望ましくない状態を問題として捉えている人が、投薬という対策を実施することによって症状の悪化を食い止め、更に良化する傾向が見てとれたとしたら、多くの人たちは成人病が問題解決されたと思うかも知れません。しかし、もし投薬という対策を中断してしまったとしたら、きっと成人病の悪化という望ましくない状態が再発してくると思います。筆者も嫌というほど同様の経験を味わってきています。ここで良く考えてみてください。投薬という対策によって見た目の成人病の症状は良化したように見えるものの、成人病が発生すること自体については何ら手が打たれておらず、そのままの状態になってしまっているのです。だから、投薬を中断すると成人病の症状が再発し悪化してしまうのです。これでは、成人病の症状が改善されたということはできても、成人病の発生が解決できたとはとてもいえないのです。つまり、問題解決できたとはいえないのです。問題解決とは、読んで字のごとく、問題を解決することなのです。

　実は、成人病が悪化してきたという望ましくない状態を問題として捉えてしまっている点に、問題解決としてのそもそもの誤りがあるのです（図表1.12）。このような表面的な状態で問題を捉えてしまったことが、この表面的な状態に対して対策を講じてしまうような対症療法的な解決を引き起こしてしまい、表面的な改善という事態に陥ってしまうのです。筆者の経験からすると、改善ではこのような取組みがなされていることが数多く見られます。ですから、望ましくない状態が再発することをしばしば目にすることがあります。問題解決とは、対症療法的ではなく根治療法的な取組みを目指すものであることから、改善とは本質的に違うものなのです。

　まずは、成人病を悪化させてしまっている原因を徹底的に考えなければならないのです。原因としては、生活習慣、勤務形態、体質など、さまざ

1.3 問題解決力の定義

図表1.12 問題解決に関する誤解

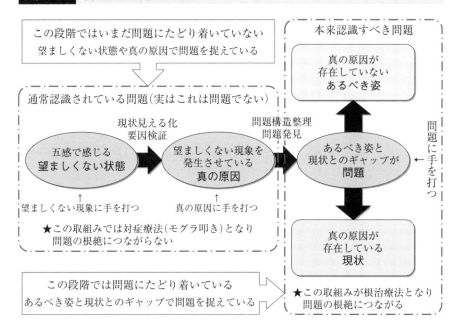

まなことが考えられると思いますが、そのような原因が実生活のなかに存在してしまっていることに着目しなければなりません。そして、そのような原因が存在しないような実生活のあり方、これをあるべき姿と呼び、原因が存在してしまっている現在の実生活のあり方、これを現状と呼びますが、この現状とあるべき姿とのギャップ、すなわち差異を問題として認識するのです。これが、問題解決において問題を発見するということで、まさにこの発見した問題がその後の問題解決の論点となるのです。改善においては、このような問題を発見するという観点がほとんど論点とはならないのです。そして、発見した問題を前提として、あるべき姿の実現へ向けて現状を変えていくことが、問題を解決するということなのです。

このような考え方で取り組むからこそ、成人病の悪化という望ましくない状態を二度と再発しないような実生活を実現できるようになるのです。このように考えることで、改善と問題解決とは本質的に違うことを理解できると思います。改善と問題解決のどちらも、望ましくない状態をより良

い方向へ導くための取組み方であって、多少の違いがあっても同じようなものであると考えられがちですが、取組み方の視点が本質的に違うということをしっかりと理解してください。

　筆者は富士ゼロックスでのこれまでの現場経験を通じて、問題解決力が高いと自他ともに認めている数多くの人たちと出会い、そして一緒に仕事をしてきました。しかし、そのような人たちのほとんどが改善と問題解決との違いを理解できておらず、改善レベルの対症療法的な取組みで問題解決ができていると錯覚してしまっていることに気づきました。そして、その結果として望ましくない状態の発生を食い止めることができずに、度々再発を繰り返すような状態であっても、彼らは自分自身の問題解決力について特に疑問を抱いていませんでした。

　例えば、かつて対策を実施したはずのトラブルが再発したとしても、それをトラブルの再発という観点で捉える意識に乏しく、まったく新しいトラブルが発生してきたかのように改めて対策を検討しているのです。このような状態であっても、「自分たちは高い問題解決力をもっているプロであるから対策を立案できているのだ」と思っているかのようでした。問題を解決する目的で取り組んでいるのだから問題解決であるといったような、問題解決を目的ベースで捉えるのではなく、問題解決は実行行為そのものであることから、問題解決か否かについては取組みベースで捉えなければならないのです。このような改善レベルの取組みでは、問題解決に取り組んだとはとてもいえないのです。

　それでも、これまでそれなりに問題解決教育を実施してきた富士ゼロックスは、他の企業と比べてみるとまだましな状態であるのかも知れません。筆者は富士ゼロックス在職中に、市場トラブル改善を通じて数多くの仕入先企業とお付き合いさせていただきましたが、それらの仕入先企業のなかには、問題解決教育すら満足に行われていない企業がたくさん見られました。このような企業が供給した部品にトラブルが発生すると、とにかく一生懸命考えたうえで思いついたありとあらゆる対策を実施する、という傾向が多くの企業の取組みで見られます。まるで、下手な鉄砲も数打ちゃ当

たるかのごとく取り組むのです。運が良ければ別ですが、多くの場合はトラブルの発生を抑え込むことができません。ところが、きちんとした指導を通じて問題解決に取り組んでもらうと、トラブルが確実に収束に向かうようになるのです。このような事例に出会うたびに、筆者は問題解決の必要性と有効性を幾度となく再認識してきました。

ある企業で引き起こされた一つの部品のトラブルが、その企業だけではなく、その部品の納入先である企業に、更にその部品が組み込まれた商品を製造販売している企業に、そして最終的にはその商品を購入した市場のお客様に、連鎖的に損失をもたらしていくことになるのです。一つの企業の問題解決力の低さが、さまざまな広がりをもった形で損失を伝搬してしまい、最終的には膨大な累積損失を発生させてしまうことになるのです。であるからこそ、トラブルが発生したら素早く収束させるだけでなく、正しい取組みを通じてトラブルがそもそも発生しないようにすることが求められるのです。このためには、ただ一生懸命に頑張れば良いといったような精神論ではなく、問題解決を基軸にした正しい仕事の進め方を学ぶことが必要なのです。

このようなことは技術職の分野に留まらず、営業職やスタッフ職の分野においても例外なく起きていると思います。このようなことが日本全国のいたるところで続発しているようでは、日本全体の生産性が高まることはないと思います。だからこそ、今求められているのは改善レベルに留まらない、仕事の基本としての本当の問題解決に取り組める人材を育成できるような問題解決教育といえるのです。

◆今必要とされる問題解決スキル

それでは、あらゆる職種に適用できる仕事の基本としての問題解決力とは一体どのようなものなのかについて、これから紐解いていきます。ここで、問題解決力とは問題を発見して解決へ向けた行動、これをこれから問題解決行動と呼びますが、この問題解決行動が実践できる力であり、さまざまなスキルによって構成される行動特性であることを、改めて共有して

おきたいと思います。したがって、問題解決力をもっているといわれる問題解決人材とは、現場での実務を通じて問題解決行動を実践する能力を発揮することができる人たちで、問題解決に関する豊富な知識をもとにして講釈ばかりしているような評論家とは違うのです。

問題解決スキルを定義するためには、まずはこの問題解決行動について明確にすることが必要となります。ここでいう問題解決行動とは、次の3つの行動要件にもとづく行動です（**図表1.13**）。

① 今まさに取り組むべき問題を発見する。
② 発見した問題を解決へ導くための課題を設定する。
③ 設定した課題を継続的取組みで解決していく。

一言でいえば、問題解決行動とは、「問題を発見して、課題を設定して、解決する」という誰にでも理解できるようなとてもシンプルな取組みなので、この取組みを現場の実務を通じて確実に実践していければよいのです。

このシンプルな取組みを実践するためには、更にこの3つの行動要件を

図表1.13　問題解決行動の進め方

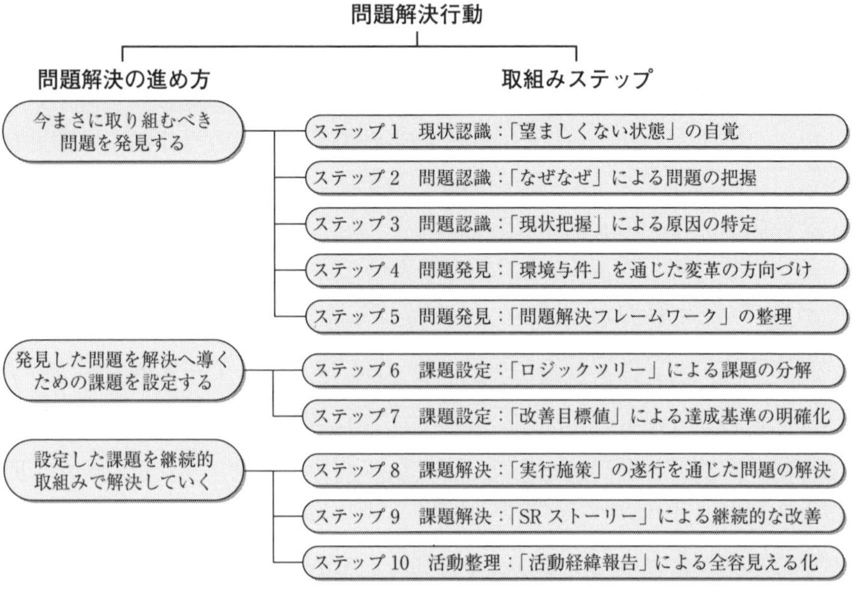

問題解決行動

問題解決の進め方	取組みステップ
今まさに取り組むべき問題を発見する	ステップ1　現状認識：「望ましくない状態」の自覚
	ステップ2　問題認識：「なぜなぜ」による問題の把握
	ステップ3　問題認識：「現状把握」による原因の特定
	ステップ4　問題発見：「環境与件」を通じた変革の方向づけ
	ステップ5　問題発見：「問題解決フレームワーク」の整理
発見した問題を解決へ導くための課題を設定する	ステップ6　課題設定：「ロジックツリー」による課題の分解
	ステップ7　課題設定：「改善目標値」による達成基準の明確化
設定した課題を継続的取組みで解決していく	ステップ8　課題解決：「実行施策」の遂行を通じた問題の解決
	ステップ9　課題解決：「SRストーリー」による継続的な改善
	ステップ10　活動整理：「活動経緯報告」による全容見える化

満たすために必要となる行動内容が理解できていなければなりませんが、それは次のとおりです。

① 今まさに取り組むべき問題を発見する
　ステップ1　「望ましくない状態」の自覚
　ステップ2　「なぜなぜ」による問題の把握
　ステップ3　「現状把握」による原因の特定
　ステップ4　「環境与件」を通じた変革の方向づけ
　ステップ5　「問題解決フレームワーク」の整理
② 発見した問題を解決へ導くための課題を設定する
　ステップ6　「ロジックツリー」による課題の分解
　ステップ7　「改善目標値」による達成基準の明確化
③ 設定した課題を継続的取組みで解決していく
　ステップ8　「実行施策」の遂行を通じた問題の解決
　ステップ9　「SRストーリー」による継続的な改善
　ステップ10　「活動経緯報告」による全容見える化

　問題解決の取組み対象となった題材の内容にもよりますが、基本的にはこの10個のステップの行動内容を順次確実に実施していけばよいのです。この10ステップの行動内容に関する詳細内容については、本書の姉妹書である『技術者の仕事の基本　問題解決力』ならびに『技術者の仕事の勘所　問題解決実践力』(ともに日科技連出版社)を参照してください。そして、この各ステップにて求められる行動内容を確実に実施するために必要なスキルを明確化し、それらを次のような問題解決10項目スキルとして定義したのです(**図表1.14**)。

　① 想像力・企画力
　② ロジカルシンキング力
　③ コミュニケーション力
　④ QC七つ道具活用力
　⑤ 現状分析・見える化力
　⑥ 仮説検証力

第1章　問題解決教育の必要性に関する認識の高まり

⑦　リーダーシップ力
⑧　計画立案・実行力
⑨　SRストーリー展開力
⑩　報告書作成・展開力

　富士ゼロックスにおいて筆者が問題解決教育を実施したときには、このようにして育成すべき問題解決スキルを定義したのです。

　想像力・企画力はあるべき姿を想像するために、現状分析・見える化力は現状を把握して分析するために、各々必要なスキルです。これらは問題解決10項目スキルのなかでも特に重要となる、問題を発見するために必要不可欠なスキルなのです。さらに、コミュニケーション力やリーダーシップ力や報告書作成・展開力といったスキルは、一緒に問題解決に取り組んでいく現場の人たちを活動に巻き込んでいくために、残りの5つのスキルは発見した問題を実際に解決していくために必要となるスキルです。

図表1.14　問題解決10項目スキルの位置づけ

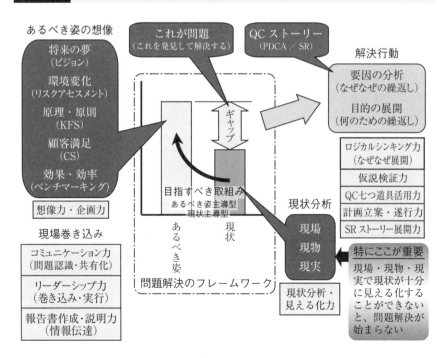

この問題解決スキルに一通り目をとおしてみると、これまで問題解決スキルとして認識されていたものとは相当内容が異なっていて、なかには認識すらされていなかったものがいくつか見受けられると思います(**図表1.15**)。特に、コミュニケーション力やリーダーシップ力などを問題解決スキルの一つであるという認識をこれまでにもたれたことがあったでしょうか。このような内容に対して違和感をもつ人たちがいるとは思いますが、本書を通じてこれまでに説明してきたことを今一度振り返っていただければ、その違和感が消滅して、掲げられている一連の問題解決スキルに対する必要性が納得していただけると思います。ある有名自動車メーカーの人

図表 1.15 問題解決 10 項目スキルの内容

問題解決 10 項目スキル	能力としての基本定義
想像力・企画力	問題のない仕事・職場・仕組みなど、将来に向けてのあるべき姿が描ける能力
ロジカルシンキング力（なぜなぜ展開）	ものごとの因果関係を明確化し、つながりをもって考える能力
コミュニケーション力（問題認識・共有化）	お互いが考えていることを伝え、わかり合い、概念を共有する能力
QC 七つ道具活用力	改善活動に取り組むためのツールを業務のなかで使える能力
現状分析・見える化力	Excel を使いこなし、現場・現物・現実を事実データでわかりやすく表現する能力
仮説検証力	推測したことをデータにもとづく事実で裏付けをとる能力
リーダーシップ力（巻き込み・実行）	自ら関係者に働きかけ、関係者のモチベーションを高めて協働のマインドをもたせる能力
計画立案・遂行力	やるべきことに対して段取りを立てて計画的に取り組み、確実に進捗させる能力
SR ストーリー展開力	過去→現在→未来の推移を、やり方と結果を対比したストーリーで説明する能力
報告書作成・説明力（情報伝達）	改善活動をドキュメントとして表現して関係者に適確に伝える能力

たちも初めはそのような違和感をもたれていましたが、説明を聞いて最終的には納得していただきました。

　実は、この違和感をもたれる部分がポイントであり、このような部分に関する教育がこれまで抜け落ちていたということを如実に示しているのです。現場の人たちを上手く巻き込むことができないと、とても重要な問題解決活動が現場の人たちからの協力が得られずに頓挫してしまうという事態に陥ってしまうのです。コミュニケーション力やリーダーシップ力は、問題解決行動を成功に導くための重要なスキルなのです。

　このように問題解決力を問題解決行動という概念にもとづいて問題解決10項目スキルで定義したことで、問題解決教育プログラムが体系的に品揃えできるようになり、必要とされるスキルを確実に育成できるような教育体制が整備できたのです。さらに、この問題解決10項目スキルを評価基準にすることで、これまで漠然としていた問題解決スキルが定量的に診断できるようになりました。そして、問題解決スキルの状況に合わせた問題解決教育プログラムのカスタマイズや、問題解決教育の実施効果の検証が可能になったのです。

第2章 問題解決教育プログラムの整備

2.1　問題解決スキルを育成するために欠かせない要素

◆実務に役立つ教育プロセス

　問題解決とは、問題を発見して解決へ向けた行動を実践できる力のことであり、「問題を発見する力」「課題を設定する力」「課題を解決する力」の集合体であることは前述のとおりです。これらの力をいかにして育成していくのかが問題解決教育を展開していくうえでの課題となるわけです。しかも、考え方や一連の手法を単に知識として理解するだけでなく、これまでに何度も繰り返し述べてきていますが、現場の実務を通じて実践していけるような知恵や勘所を習得できなくてはならないのです。

　ここで、現場の実務で実践するための知恵や勘所について、自動車の運転を例にして具体的に説明します。読者の皆さんの多くは自動車運転免許を取得していると思いますが、ほとんどの人たちはこの自動車運転免許を取得するために、教習所に通って学科教習と技能教習という2種類のプログラムを受講したと思います。まずは学科教習を通じて、自動車の構造や整備方法、自動車の運転方法、自動車の路上走行規則など、自動車を運転するために必要となる一連の知識を習得して理解しなければなりません。

第 2 章　問題解決教育プログラムの整備

そして、その学科教習と並行する形で行われる技能教習を通じて、自動車を実際に運転するための路上走行訓練を、検定試験で合格と認定されるまで、長い時間にわたってトレーニングしなければなりません。人によってさまざまですが、3カ月から1年程度の長い教習期間を経て免許皆伝となって運転免許を取得し、晴れて自動車を街中で走らせることができるようになるのです。

　実は、この自動車運転免許を取得するための一連の取組みが、教育プログラムの理想的なあるべき姿を示しているのです。まずは学習を通じて必要な情報を知って、理解を通じて知識としてわかって、実践を通じて知恵がついてくるようになる、という人材育成のプロセスを正しい形で展開しているのです。学習から理解に至るプロセスは学科教習で、理解から知恵に至るプロセスは技能教習で見事に展開されているのです。しかも、検定試験という形で育成レベルの確認を節目で行うことにより、不足部分をフィードバックできるようになっています。なかでも、理解から知恵に至るプロセスは特に重要で、このプロセスを通じて理解したことを実践する場を数多く経験することで、理解したことを実践するときの難しさを知ることができて、更にその難しさを乗り越えるための知恵を獲得できるのです。したがって、自動車教習所を卒業するときには確実に自動車の運転スキルが身についており、その日の内に自動車を運転できるようになっているのです。もし、自動車教習所の教育プログラムが学習から理解に至るプロセスしか行われていなかったとしたら、自動車を運転できるようになるでしょうか。できるようになる訳がありません。この例から、教育を受けた人が教育されたことを現場の実務で実践できるようになるには、理解から知恵に至る学習プロセスの存在が必要不可欠であることがわかります。

　自動車教習所の例によれば、かつての富士ゼロックスにて行われてきた問題解決教育で問題解決力が身につかなかった理由は、学習から理解に至るプロセスしか存在していない教育プログラムにあったと考えられます。多くの社内研修がそうであるように、実際に問題解決に関する教育プログラムのなかには理解から知恵に至るプロセスは存在しておらず、その領域

は教育受講後に職場に戻って自らの力で努力するという形になっているのです。もちろん、教育の目的や内容によっては知識を身につけるだけで十分な教育もあります。しかし、問題解決は運転免許と同じで、教育プログラムのなかに理解から知恵に至るプロセスが存在していないと、現場の実務で実践できるようになり難いのです。

　前述したように、たとえ特性要因図の作成方法を知識として学んだとしても、特性要因図を作成するための作業を自らの力で取り組むという実践的な経験をしておかないと、作成するための知恵や勘所が身についていないため、職場に戻っていきなり作成することがほとんどの人たちにはできないのです。したがって、問題解決教育プログラムには、学習から理解に至るプロセスと理解から知恵に至るプロセスの両輪が確実に組み込まれていて、更に理解から知恵に至るプロセスのなかに数多くの実践の場が設定されていることが必要なのです。このような形になった教育プログラムを通じて問題解決教育を行うことで、現場の実務のなかで問題解決を実践するための問題解決行動を身につける教育を展開できるのです。

◆問題発見の正しい理解

　問題解決は問題を発見しなければ始まらないのですが、まずは問題に関する認識を共有しておきたいと思います。私たちは五感と呼ばれる視覚、聴覚、嗅覚、味覚、触覚をとおして身の回りから情報を得ていますが、このような五感から得られた情報に対して何らかの違和感をもったときに、これは問題だと思うことがあります。例えば、自分が今着目している対象が、部屋が汚い、変な音がする、嫌な臭いがする、まずい、摑みにくいなどの、自分が当初想定していた状態を逸脱するような状態、すなわち望ましくない状態になっていたときに、問題だと思うことがあります。

　しかし、このような望ましくない状態に対して問題を認識してしまうと、例えば「部屋が汚いことが問題である」と認識した場合、これに対する問題解決は部屋をきれいにすることを視点にした取組みになりがちです。その結果、「部屋を掃除する」という解決方法が立案されてしまうのです。

しかし、この解決方法に則って部屋を掃除したとしても、間もなく部屋は再び汚くなるだろうと思います。問題が再発してしまうのです。問題が解決できたと思っていたのに再発してしまうことはよく経験することですが、なぜこのような事態に至ってしまうのでしょうか。

実は、問題の認識のやり方が悪いのです。問題として認識した部屋が汚いということは、身の回りに存在しているさまざまな状態のなかの、当初の想定を逸脱していたものの一つに過ぎません。これを望ましくない状態と呼びますが、この望ましくない状態を問題と認識してしまったことが間違いの根源なのです。なぜなら、この望ましくない状態は、「あること」によって引き起こされて顕在化した結果に過ぎないからです。真の問題を認識するには、望ましくない状態についてではなく、望ましくない状態を引き起こした「あること」のほうに着目しなければなりません。先の例でいえば、部屋が汚くなった理由のことです。この理由のなかに問題が潜んでいると考えるのです。

そのためには、望ましくない状態に関するなぜなぜを通じて真の原因を特定し、その原因が発生してこない状態のあるべき姿と現状とのギャップを問題として認識するのです(図表2.1)。すなわち、現状が望ましくない状態を引き起こしてしまうようになっていることが問題である、と考えるのです。これが問題を発見したということなのです。このように考えると、望ましくない状態を引き起こさないための解決方法を立案できるようになるため、再発しない問題解決ができるようになるのです。

このようにして発見した問題であっても、望ましくない状態に関するなぜなぜを通じて特定した真の原因が的外れなものであると、攻撃すべきターゲットにブレが発生してくることから、正しい問題解決行動に至らないことがあります。特定した真の原因が的外れにならないようにするためには、科学的思考にもとづいて真の原因を特定しなくてはならないのです。すなわち、思い込みや感覚といったような定性的な判断ではなく、事実やデータによる定量的な判断にもとづいて真の原因を特定すればよいのです。

筆者がまだ若かりし頃、現場の第一線で仕事をしていたとき、KKDと

2.1 問題解決スキルを育成するために欠かせない要素

図表 2.1 真の原因究明と問題発見

なぜなぜの繰り返しによる要因の洗い出しと真の原因究明

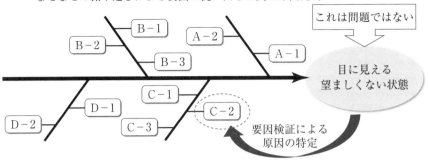

究明した真の原因に関する問題の発見

いう言葉をよく耳にしました。いわゆる、勘(Kan)と経験(Keiken)と度胸(Dokyo)という3要素の頭文字による現場用語で、自分の現場経験に裏打ちされた思い込みや感覚にもとづくものごとの判断基準のことです。現場経験というものは人によってさまざまに異なるし、思い込みや感覚も人によって大きく異なります。したがって、このような判断基準でものごとが判断されていると、いろいろな人たちからさまざまな判断基準が示されるようになってしまいます。そして、お互いの判断基準にもとづいて議論を深めたとしても、最終的には、年長者であったり、声が大きい人たちの判断が採用されてしまうことになるのです。こうしたことは多かれ少なかれどのような職場にでも見られることだと思います。これではみんなが納得するような結論とならないばかりか、一部の人たちに不満を残すようなことにもなりかねません。まして、現場経験が浅い若手社員の意見が採用されることなど、ほとんど期待することができません。現場経験が豊富な人たちが、「原因はこれだよ」と言ってしまったら、それが正しいかのよう

に扱われてしまうのです。

　それでは、どのようにすれば事実やデータによる定量的な判断にもとづいて原因を特定できるのでしょうか。それを可能とするものが、要因検証という取組みなのです（図表2.2）。そのためには、まずは解決しようとして望ましくない状態を定量的に把握するための特性値を設定し、その特性値をもとにして望ましくない状態をデータで見える化するのです。次に、特性要因図のなかに取り込まれている数多くの要因のなかから、望ましくない状態を引き起こしていると強く思われる要因をピックアップします。このピックアップはKKDにもとづいて進めてもかまいません。さらに、ピックアップした要因の状態を定量的に把握するための特性値を設定して、望ましくない状態のデータと対応する形でデータを採取すればよいのです。

　このようにしてピックアップした要因に関するデータを収集できたら、望ましくない状態に関するデータとの間に潜んでいる相関関係を、散布図に表したり、相関係数を算出したりして見える化します。こうすることでKKDという主観的な判断によらない、誰もが納得でき、ブレがない客観的な判断を下せるようにするのです。そして、もし相関関係が見られれば、ピックアップした要因は結果の悪さである望ましくない状態を引き起こしている真の原因であると判断することができます。もし相関関係が見られなければ真の原因ではないと判断して、他の要因に着目して同様のやり方で真の原因であるか否かの判断を、真の原因が探し当てられるまで続けていけばよいのです。

　さらに、このように探し当てた真の原因と望ましくない状態との間の相関関係から、両者の関係性を把握することができるので、望ましくない状態に関する改善目標値を満足するための真の原因の達成値を推定することができるのです。この結果、もし改善目標値を満足することができないという推定になったとしたら、この真の原因だけでは望ましくない状態を解決できないと考えられるので、更に真の原因を探さなければならないことがわかるのです。そして、最終的には、望ましくない状態の改善目標値を

2.1 問題解決スキルを育成するために欠かせない要素

図表 2.2 要因検証による真の原因の特定

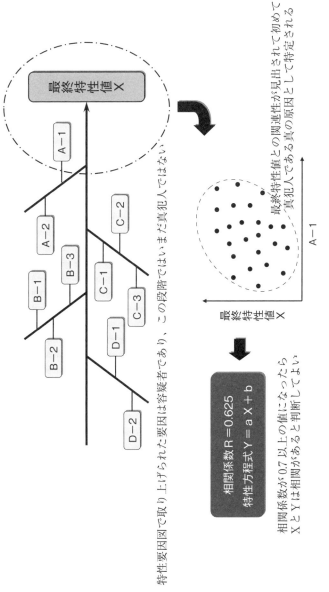

満足するための真の原因の達成値が出揃ってくることから、この後の対策立案をより確実な形で実施することができるようになるのです。

◆生産性が高いグループワーク

　問題解決力としてこれまで認識されていなかったスキルの一つに、グループワークにおけるパフォーマンスに関するものがあります。問題解決力は、これまで一人ひとりが自分としての成果を上げるための個人的な要素で構成されたスキルとして認識されていました。しかし、周囲を巻き込み組織としての成果を上げるためのスキルであるとの認識を新たにすると、実は集団的な要素を含むスキルであることがわかります。いかに素晴らしい観点の問題を発見したとしても、それが関係者に共有されなければ他者からの協力が得られず、周囲を巻き込んだ広がりのある取組みには至りません。また、いかに素晴らしい成果を上げたとしても、それが関係者に共有されなければ他者への展開がなされず、組織全体の成果にはなり得ません。すなわち、個人的な要素だけでなく、集団的な要素も視野に入れた教育を実施していかなければ、世の中に存在する諸問題の解決へ向けた、組織全体での問題解決活動を目指している会社の狙いに適合した、いわゆる今求められている問題解決人材を育成できないのです。

　それでは、この集団的な要素とは何なのかについて考えてみましょう。ズバリ一言でいえば、「どのような人たちともわかり合える」ということです。どのような人たちともわかり合えるからこそ、自分が発見した問題や自分がなし得た成果を関係者と共有できるのです。人とのかかわり方が下手であるために仕事が上手く進められない人たちを、筆者はこれまでの現場経験でたくさん見てきました。人とのかかわり方が下手であることの理由としては、その人固有の生まれもった性格や、その人の家庭環境や、その人の原体験など、さまざまなことが考えられると思いますが、いずれにしても個人的な問題として認識されがちです。この結果、本人が気づいて自ら変わるしかないというように個人任せの対応になっていたように思います。

2.1 問題解決スキルを育成するために欠かせない要素

　このような個人任せの対応でことが済めばよいのですが、ことがことだけにそう簡単に人が変われるはずがないのです。成人式を経験したような人たちの性格なんて変えられるはずがないと思うべきなのですが、放っておくわけにもいかないので厄介です。では、どのようにしたら良いのでしょう。人とのかかわり方が下手な人というのは、人づき合いや愛想が悪い人ということではなく、自分が考えていることを相手に上手く伝えられていない人なのです。このように考えることで、人とのかかわり方をより良い状態に変えていくことができるようになるのです。

　ここで、お互いの考えをわかり合うメカニズムについて考えてみましょう（**図表2.3**）。自分が頭の中で考えていることを暗黙知と呼びますが、この状態では他者が見聞きできる形になっていないため、他者にものを伝えることができません。この暗黙知を他者が見聞きできる形に表現したものを形式知と呼びます。頭の中で考えていることが形式知と呼ばれる状態に変換されると、他者にものを伝えられるようになるのです。具体的には文書や物体、言葉などが形式知と呼ばれる状態なのですが、私たちはこのよ

図表2.3　お互いの考えをわかり合うメカニズム

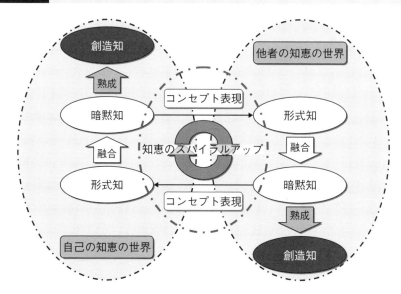

うな媒体を介して自分が考えていることを他者に伝えることで、お互いにやり取りをしているのです。そして、そのやり取りを通じてお互いの暗黙知を徐々に膨らませながら熟成させていくことで、やがては高い創造知が生まれてくるのです。すなわち、このようなメカニズムを上手く働かせることができるか否かが、人とのかかわり方の上手下手となって現れてくるのです。

　私たちの身の回りにはいろいろな人たちがいます。この人と話していると話が弾んで良い結論が引き出されてくるのに、あの人と話していると話しがほとんど弾まずにまったく結論に至らない、といった経験は誰にでもあることです。前者はお互いの考えをわかり合うメカニズムを上手く働かせることができる人で、後者はそうではない人なのです。後者のような人になってしまっていては、関係者を巻き込んで組織としての成果を上げていくような問題解決をなし得ないのです。したがって、人とのかかわり方がより上手くできる人になるためには、お互いの考えをわかり合うメカニズムを上手く働かせることができるようになるための教育訓練が必要となるのです。このメカニズムを上手く働かせる秘訣は事実やデータにもとづく論理的思考、そしてイメージしていることの見える化なのですが、これはまさに問題解決の基軸となる考え方であり、コミュニケーションの本質といえるものなのです。

　人とのかかわり方に影響を及ぼす要素には、お互いの考えをわかり合うメカニズムという思考に類する要素だけでなく、グループワークでのパフォーマンスという行動に類する要素もあります。筆者はこれまで携わってきた問題解決教育を通じて、集団で作業しているときのグループ成果の獲得へ向けた各メンバーの貢献度に、とても大きなばらつきがあることに気づきました。見るからに自ら進んで貢献しようとしている人、頑張っているように見える割には空回りしている人、自ら進んで貢献しようとしているようには見えない人など、各メンバーが発揮しているパフォーマンスにはさまざまなパターンが見られたのです。そこで、このような貢献度のばらつきに影響を与えているパフォーマンスの要素を見極めるために、集

団で作業しているときの各メンバーのパフォーマンスに関するデータを収集して、貢献度のばらつきに影響を与えている要素を見出すための分析を行ってみたのです。

富士ゼロックスではさまざまな場でさまざまな人たちに対して問題解決研修が実施されています。そのなかで行われているグループワークの終了時に、グループワークで高いパフォーマンスを発揮したハイパフォーマーとその理由というアンケートを受講者に対して実施したのです。1千件を超えるアンケートの回答を収集できた時点で分析したところ、グループワークのパフォーマンスに影響を与えている要素として、以下のような結論が得られたのです（図表2.4）。

- **実行力**：保有している能力を必要な場面に応じて適宜発揮している。
- **統率力**：全体的視点でグループワークを円滑、かつ効率的に進めている。
- **提案力**：グループの成果に貢献する適切な意見や考えを提示している。
- **責任感**：立場や役割を意識したうえで本来なすべき対応を実施している。

図表2.4 グループワークのパフォーマンスに影響する要素

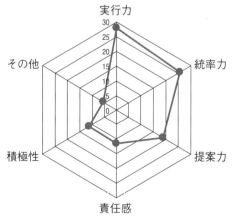

- **積極性**：自らができることについては他に率先して取り組んでいる。

　これによって、グループワークのパフォーマンスに影響を与える要素が明確になったことから、これらの要素を意識しながらグループワークに取り組ませるようにしたのです。それとともに、これらの要素を評価基準とした自己他己評価という互いに評価し合う方法によって、グループワーク終了後にパフォーマンス発揮度診断を実施して、その診断結果を各メンバーにフィードバックするようにしたのです。

　このようにして、パフォーマンス診断を通じてパフォーマンスに影響を与える要素の刷り込みを図るとともに、診断結果にもとづいて各メンバーのパフォーマンス発揮度を見える化することで、人とのかかわり方を自ら向上してハイパフォーマーになるための取組みを展開できるのです。

◆問題解決行動の勘所

　筆者が富士ゼロックスにて展開してきた問題解決教育は、現場での実務を通じて問題解決行動を実践できる、いわゆる問題解決人材を育成することを狙いとしています。そのためには、問題解決教育の一環として現場実務をシミュレートした題材で問題解決行動を実体験することで、学んだことを実践する際の難しさ、その難しさを乗り越えて実践するための勘所などを頭で理解するだけでなく、実際の活動を通じて具体的に身につけることが必要なのです。教育のなかでこのようなプロセスを踏むことで、取り組む題材がたとえ現場での実務に代わったとしても、問題解決教育で経験したことと同様の取組みを実行することで、問題解決行動を実践できるようにしたのです。教育を通じてのこのような経験は多ければ多いほどよいことから、新人研修では3種類の題材によって繰り返し経験することで、どのような職場に配属されたとしても、自信をもって問題解決行動を自ら実践していけるように育成したのです。

　それでは、問題解決教育を実施した後、現場での実務で実践することが期待されている問題解決行動とはどのようなものなのか、以下に説明します。問題解決行動の大筋は以下のとおりです。

2.1 問題解決スキルを育成するために欠かせない要素

① 今まさに取り組むべき問題を発見する

　問題解決フレームワークの考え方をもとにして、あるべき姿と現状とのギャップとして解決すべき問題を定義する。

② 発見した問題を解決へ導くための課題を設定する

　あるべき姿の実現へ向けて現状を変えていくことを課題として、課題をロジックツリーで体系的に分解することで実行施策に押し込む。

③ 設定した課題を継続的取組みで解決していく

　SRストーリーにもとづいて仕組み・やり方(S)とその結果(R)を対比する形で実行施策に取り組むとともに、活動全体を都度レビューしながらあるべき姿の実現へ向けた継続的改善に取り組んでいく。

「問題解決フレームワーク」「ロジックツリー」「SRストーリー」の3要素を筆者は問題解決の三種の神器と呼んでいます。いずれも問題解決行動を実践する際に役立つとても重要な考え方です。

　このような形で、問題解決とはどのような考え方で何をすることなのかということを明確にして、これを問題解決の進め方の全体像として、問題解決教育を通じて富士ゼロックス全体へ展開していったのです(図表2.5)。これよって、問題と課題との違い、課題の設定や展開の進め方、正しいレビューの考え方など、これまで現場で悶々としていた問題解決に関するさまざまな疑問や勘違いに対して、適確に答えることができるようになっただけでなく、正しい仕事の進め方に関する標準として共有していけるようになったのです。

　これまでの問題解決教育では、問題解決に関する手法や考え方を個々の知識として断片的に学ぶことが主体になっていて、一番肝心なことである問題解決とは一体どのようなことをすることなのか、という取組み方の概念を学ぶようにはなっていなかったのです。だから、問題解決教育でロジックツリーという手法は学んだから内容や作成方法は理解できたが、実際の問題解決のなかでどのように役立てたらよいのかわからないというよ

図表 2.5 問題解決の進め方の全体像

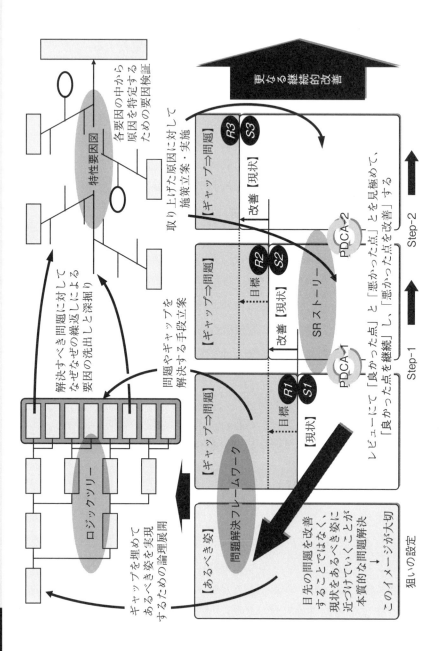

2.1 問題解決スキルを育成するために欠かせない要素

うな事態に陥っていたのです。そのため、どんなに問題解決教育を実施したとしても問題解決力が身についた状態にはなり得なかったのです。

さらに、この問題解決の進め方の全体像を概念というレベルに留めることなく、現場の実務で実際に問題解決行動を実践していけるようにしたのです。すなわち、問題解決行動を実践するための具体的な取組み方と、この具体的な取組み方をより上手く実践するために求められる要素を、各々明確にしたのです(**図表2.6**)。これによって、問題解決行動とはどのようなことで、それを実務で実践するためには何が必要なのか、ということが具体的になり、問題解決教育を通じて共有していけるようになったのです。これまで問題解決力という一言で語られてきたとても大きな概念が、誰とでも共有できる具体的な形になってきたことから、これが現場で問題解決の議論を行う際の共通言語となって、富士ゼロックス内で問題解決を風土化していくための素地が整ったのです。

富士ゼロックス内で問題解決を風土化することは、ソリューションビジネスの展開へ向けて変革に取り組んでいた富士ゼロックス内で、筆者が問題解決教育を展開するそもそもの狙いであったのです。なぜなら、ソリューションビジネスとはお客様が抱えている問題を発見して、その問題の解決策をソリューションとしてお客様に提供していくという、まさに問題解決力を武器にしたビジネスであることから、社内全体として問題解決を風土化することが課題となっていたのです。

問題解決を効率的かつ効果的に展開するには、問題解決行動のすべてにわたって一律で杓子定規に取り組んでいくのではなく、そのなかでも特に得られる結果に大きく影響を及ぼす要素に注力していくことが、望ましい取組み方です。問題解決行動とは、望ましくない状態に対して、問題解決スキルで構成された問題解決力と、実務展開力で構成された問題解決実践力を適宜駆使していくことで、目指すべきあるべき姿を実現していくことですが、これには次の5つの勘所があるのです。

- 問題解決フレームワークによる問題の発見
- ロジックツリーによる課題の設定

図表 2.6 問題解決行動を現場実務で実践する際に必要となる要素

各問題解決ステップでの取組み内容	主要な問題解決スキル	主要な実務展開力
① 今までに取り組むべき問題を発見する		
現状認識：「望ましくない状態」の自覚	コミュニケーション力 ロジカルシンキング力	現状を把握分析する
問題認識：「なぜなぜ」による問題の把握	現状分析見える化力 ロジカルシンキング力	なぜなぜを展開する
問題認識：「現状把握」による原因の特定	現状分析見える化力 仮説検証力	問題を認識する
問題発見：「環境与件」を通じた変革の方向づけ	想像力・企画力 コミュニケーション力	環境与件を検討する
問題発見：「問題解決フレームワーク」の整理	想像力・企画力	問題を発見する
② 発見した問題を解決へ導くための課題を設定する		
課題設定：「ロジックツリー」による課題の分解	ロジカルシンキング力	取り組み課題を分解する
課題設定：「改善目標値」による達成基準の明確化	計画立案・遂行力 リーダーシップ力	実行施策を立案する
③ 設定した課題を継続的取組みで解決していく		
課題解決：「実行施策」の遂行を通じた問題の解決	QC七つ道具活用力	改善活動を実施する
課題解決：「SRストーリー」による継続的な改善	SRストーリー展開力 リーダーシップ力	継続的改善に取り組む
活動整理：「活動経緯報告」による全容見える化	報告書作成・説明力	改善報告書を作成する

- SR ストーリーによる継続的改善
- 現状見える化による事実の確認
- なぜなぜ展開による原因の追究

そして、これらの5つの勘所をグループワークで上手く実践していくことが、問題解決行動を成功に導く鍵、すなわちKFS(Key Factor of Success)となるので、このような観点を盛り込んだ教育プログラムを整備する必要があるのです(図表2.7)。

◆問題解決行動の取組み事例

問題解決行動を成功に導く5つの勘所などの要素が包含された問題解決行動の全体的な流れを、一連のストーリーとして理解するだけでなく、前もって実体験できるようにしておく必要があるのです。このようにしておかないと、現場の実務を目の前にして、いきなり問題解決行動を実践できるものではありません。まるで、教習所内での路上運転教習を受けること

図表2.7 問題解決行動を成功に導く成功の鍵(KFS)

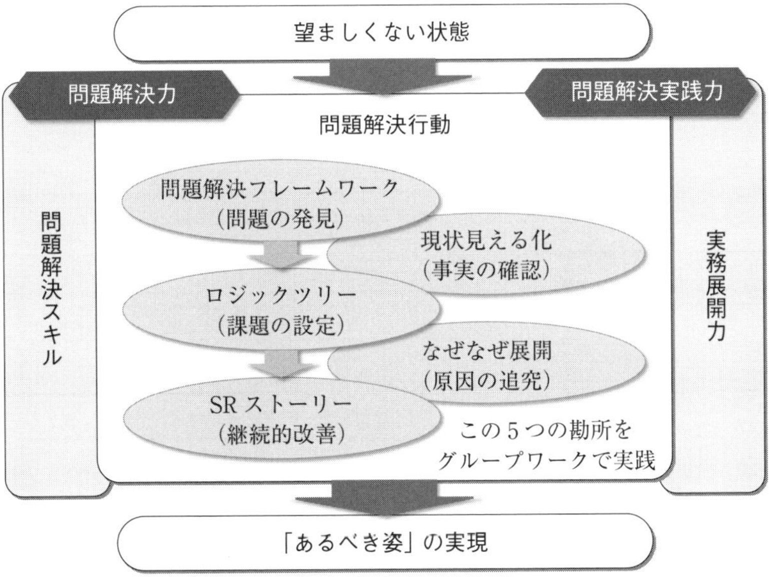

```
                    望ましくない状態
                          ↓
問題解決力                                      問題解決実践力
              問題解決行動
         ┌─────────────────┐
問        │ 問題解決フレームワーク │              実
題        │   (問題の発見)    │              務
解        │         ↓         │ 現状見える化   展
決        │    ロジックツリー   │ (事実の確認)   開
ス        │    (課題の設定)   │              力
キ        │         ↓         │ なぜなぜ展開
ル        │    SRストーリー    │ (原因の追究)
         │    (継続的改善)    │ この5つの勘所を
         └─────────────────┘ グループワークで実践
                          ↓
                   「あるべき姿」の実現
```

なしに、いきなり街中で自動車を一人で運転するようなもので、とても運転できるようなものではありません。交通事故のもとになるどころか、自殺行為にも等しい行為です。

そこで、問題解決行動を実体験するにあたって、身近な題材をモチーフにした雛形ストーリーを作成することで、問題解決行動の全体的な流れをわかりやすく理解できるようにしたのです（**図表2.8**）。もちろん、この雛形ストーリーはごく標準的な進め方を示したもので、実務で実践する問題解決行動は取り扱う題材に応じて適宜変化するものです。例えば、雛形ストーリーの進め方の順序がところどころで入れ替わったり、プロセスの一部が省かれたり、もしくはさらに詳細に取り組んだりといったように、さまざまなバリエーションで実践されます。しかし、このような進め方のバリエーションも、標準的な進め方を理解しているからこそ、問題解決行動

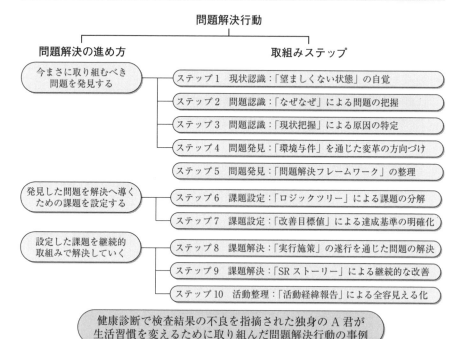

図表2.8　問題解決行動の雛形ストーリーと取組み事例

の本筋を踏み外すことなく行えるのです。これまでの問題解決教育においては、この問題解決行動に関する部分を十分に学ぶことができませんでした。この結果、個々の知識は学んだけれども、現場の実務での実践については各人ばらばらで、どのように取り組もうと、更にいうとするもしないも個人任せといった状態になっていたのです。このような問題解決教育をいくら実施したとしても、問題解決力が向上したと認識されるはずはありません。

　それでは、問題解決行動の雛型ストーリーにもとづいて、問題解決行動の進め方を確認してみましょう。題材は、健康診断で検査結果の不良を指摘された独身のA君が、生活習慣を変えるために取り組んだ問題解決行動の事例というものです。この題材をとおして問題解決行動の10ステップに関する内容を確認していくことにします。

ステップ1　現状認識：「望ましくない状態」の自覚

　問題解決のことの始まりとなるものが、わが身を取り巻く環境のなかからさまざまな望ましくない状態を見出すことです。そして、見出された望ましくない状態のなかから問題解決の題材とするのに十分相応しい対象に着目して、この対象についてできる限り定量的なデータで悪さを認識することがポイントとなります。

　ここでは、**図表2.9**のとおりさまざまな望ましくない状態のなかから「健康診断で検査結果が不良と診断された」という対象に着目して、しかも定期健康診断での検査結果という定量的なデータで悪さを認識しています。このような形で悪さを認識することができると、これから手掛ける問題解決にブレが発生しにくくなり、効果的かつ効率的な取組みを実施できるようになります。

ステップ2　問題認識：「なぜなぜ」による問題の把握

　極力関係者を巻き込んだ形で、問題解決の題材として着目した望ましくない状態を引き起こしたと考えられる要因を、なぜなぜを通じてできる限

図表2.9　「望ましくない状態」の自覚

健康診断で検査結果が不良と指摘された

検査項目	基準値	検査結果
空腹時血糖値	110mg/dl 以下	300mg/dl
HbA1c	4.3〜5.8%	8.5%
中性脂肪	50〜149mg/dl	200mg/dl
BMI	18.5〜24.9	30
体重	55〜75kg	90kg

検査結果が不良と指摘された項目のすべてが、
昨年度の結果と比較して大幅に悪化していた。

2年前に転職したことで勤務形態や仕事内容が変化し、
生活パターンが悪化したことが起因している疑いがある。

り洗い出します。このように洗い出された要因をもとにして特性要因図を作成することで、考えられる問題を見える化して関係者と共有できるようにすることがポイントです。

ここでは、**図表2.10**のとおり病院専属の健康カウンセラーとともに、望ましくない状態である「健康診断で検査結果が不良と指摘された」ことに関するなぜなぜを展開して、洗い出された要因をもとにして特性要因図を作成し、考えられる問題の全体像を見える化しています。これにより、問題解決の対象となり得る問題を把握できるようになります。

ステップ3　問題認識：「現状把握」による原因の特定

特性要因図によって見える化された望ましくない状態と要因との関係性は、何ら裏付けのない推測によるものであることから、要因検証を通じてその関係性を事実やデータで確認することにより、実際に関係性を検証できた要因を原因として特定するのです。

ここでは、要因検証を通じて、食事の要因のなかの内容、やり方の要因のなかの生活管理の2つの要因を原因として特定しました。しかし、これ

2.1 問題解決スキルを育成するために欠かせない要素

図表 2.10 「なぜなぜ」による問題の把握

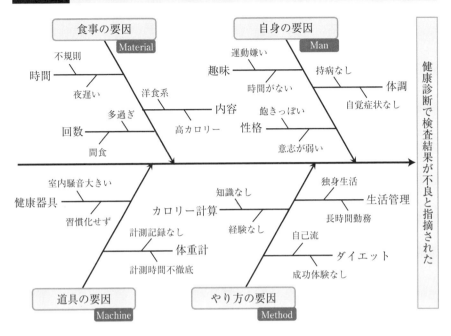

らの2つの要因を原因とするよりも、むしろ両者に共通するそもそもの理由である、転職を契機として生活パターンが悪化したことを原因として特定しています。すなわち、転職を契機として生活パターンが悪化したことによって健康診断で検査結果が不良と指摘されたことが明確になったのです(**図表 2.11**)。これによって、問題解決のターゲットが明確になります。

ステップ4　問題発見：「環境与件」を通じた変革の方向づけ

明確になった問題解決のターゲットを踏まえて、これから取り組む問題解決の方向性を見極めるために、将来の夢(ビジョン)、環境変化(リスクアセスメント)、原理・原則(KFS)、顧客満足(CS)、効果・効率(ベンチマーク)といった5項目から環境与件を認識します。これによって、単なる改善的な取組みではなく、あるべき姿を想像して、そのあるべき姿の実現を目指した変革的な取組み、すなわち本来の問題解決に取り組むことが

図表 2.11 「現状把握」による原因の特定

比較項目	転職前	転職後
業務内容	頭脳労働主体	肉体労働主体
在宅時間	平日平均12時間	平日平均10時間
帰宅時間	平日平均7時	平日平均9時
運動時間	平日平均1時間	ほとんどなし
生活環境	両親同居の独身生活	単身での独身生活
食事形態	自炊(朝夕)＆外食(昼)	外食主体(朝昼夕)

転職を契機に生活パターンが悪化したことが確認できた。

できるようになるのです。

　ここでは、転職を契機として生活パターンが悪化したことによって健康診断で検査結果が不良と指摘されたという問題解決のターゲットに対する問題解決の方向性を見極めるために、主に健康の回復という観点で環境与件の5項目を検討しています(**図表 2.12**)。この結果、将来にわたる健康、近年の健康の悪化、正しい生活習慣、家族のための健康維持、運動による健康の維持といったようなことが、問題解決の方向性に関するキーワードとして認識できたのです。

ステップ5　問題発見：「問題解決フレームワーク」の整理

　望ましくない状態の特性要因図の作成と、環境与件の5項目による問題解決の方向性を認識できたことから、

- 問題解決として目指すべきあるべき姿を想像
- その想像したあるべき姿に対する現状での実現度合いの認識
- あるべき姿と現状との差異(ギャップ)としての問題の定義

など、問題解決の取組み方を検討するための下準備が整いました。そこで、これらの検討結果を問題解決フレームワークに落とし込むことで、問題解決の取組み方の全容を俯瞰しつつ整理し、目指す問題解決の全体像を見え

2.1 問題解決スキルを育成するために欠かせない要素

図表2.12 「環境与件」を通じた変革の方向づけ

視点	検討結果
将来の夢 (ビジョン)	・老後になっても健康的な生活を送りたい。 ・医療にではなく、より良い人生を過ごすために財産を費やしたい。 ・家族と一緒に暮らしたいが、家族の世話にはなりたくない。
環境変化 (リスクアセスメント)	・近年は体調不良や老化を感じることが増えてきている。 ・健康診断の検査結果に基準値を外れる項目が増えてきている。 ・老後の医療費増大が社会的に問題になっている。
原理・原則 (KFS)	・健康的な生活のためには日常での摂生が必要不可欠である。 ・食べ物では「美味しいものを少し」を心掛けることが大事である。 ・体を動かすことで体力の衰えに対処することが大切である。
顧客満足 (CS)	・介護などで家族の手助けを必要としない老後を過ごしたい。 ・子供や孫たちと定期的に旅行に出掛けて家族サービスをしたい。 ・家族にはいつまでも元気で健康的な姿を見せて安心させたい。
効果・効率 (ベンチマーク)	・世の中には80歳を過ぎても元気で生活している人たちがいる。 ・健康な人たちのなかにはテニスやスイミングなどのスポーツを趣味にしている人が多い。

化したのです。そして、このようにして問題解決の取組み方が明確になると、あるべき姿の実現へ向けた現状の変革という形で取り組むべき課題を適確に設定できるようになります。この結果として完成した問題解決フレームワークが、関係者を巻き込むための強力な武器になるのです。

ここでは、将来的な健康を意識した規則正しい生活習慣を送るという問題解決の狙いを設定して、担当医師との相談を通じて、その狙いを実現するための生活習慣の目安をあるべき姿として設定しています(図表2.13)。そして、あるべき姿と対比できるように現在の乱れた生活状態を現状として整理した後に、あるべき姿と現状とのギャップならびに望ましくない状態にもとづいた問題認識を問題として、各々明確化しています。さらに、あるべき姿の実現へ向けて現状を変革していくための課題を、規則正しい生活習慣づくりと生活上の定着として設定しています。これによって、問題解決の全体像を問題解決フレームワークで整理できるとともに、見える化することができたのです。

第2章　問題解決教育プログラムの整備

図表 2.13　「問題解決フレームワーク」の整理

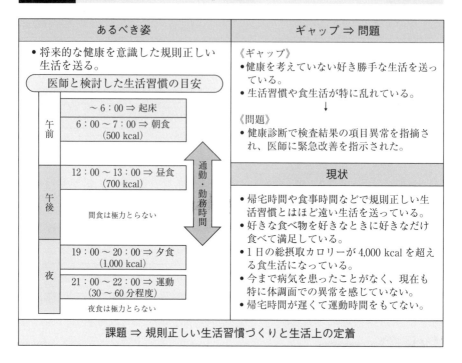

ステップ6　課題設定：「ロジックツリー」による課題の分解

　問題解決フレームワークによって明確になった問題解決の方向性と課題を踏まえて、問題解決の取組み方を全体的視点で捉えるために、ロジックツリーを活用して課題を分解し、抜け漏れやダブリがないように実行施策を立案します。

　ここでは、**図表 2.14** に示すように問題解決フレームワークを通じて設定した規則正しい生活習慣づくりと生活上の定着を問題解決の狙いとしての大課題として捉えて、この大課題を達成するために、生活時間の是正、食事内容の是正、健康的な運動の実施、健康管理の実施という4つの方向性を中課題として設定します。さらに、この中課題を実際に解決の手を下せる課題にまで分解することで、最終的な形として実行施策を立案しています。これによって、望ましくない状態を問題解決するための処方箋が明

2.1 問題解決スキルを育成するために欠かせない要素

図表 2.14 「ロジックツリー」による課題の分解

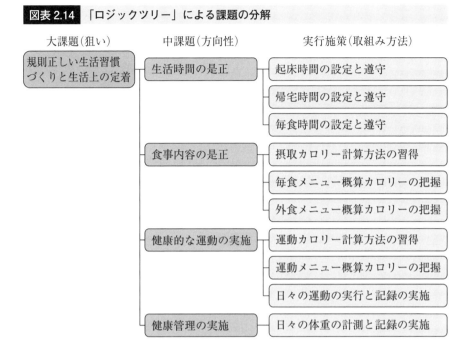

確になったのです。

ステップ7　課題設定：「改善目標値」による達成基準の明確化

　問題解決の実行施策を立案した後は、あるべき姿の実現を目指して実行施策を逐次実施していくのですが、この実行施策の遂行に先立って、望ましくない状態が解決されたことを確認するための達成基準を明確にしておくことが必要です。問題解決ではこの達成基準を明確にすることが疎かにされてしまうことがよく見られますが、実行施策を遂行することは問題解決の目的ではなくあくまでも手段であり、問題解決の目的は望ましくない状態を解決することなのです。何を、どこまでを示す管理特性値とそれに対する目標値をきちんと設定しておくことで、問題解決の進捗度合いを定量的に把握していかなければならないのです。

　ここでは、**図表 2.15** のとおり2年間で失った健康を2年間で取り戻すことを狙いとして、健康診断での検査結果不良項目の5項目を撲滅して2

図表2.15 「改善目標値」による達成基準の明確化

《改善目標》
2年間で失った健康を2年間で取り戻す。

健康診断での検査結果不良項目の撲滅

検査項目	基準値	検査結果
空腹時血糖値	110mg/dl 以下	300mg/dl
HbA1c	4.3 ～ 5.8 %	8.5 %
中性脂肪	50 ～ 149mg/dl	200mg/dl
BMI	18.5 ～ 24.9	30
体重	55 ～ 75kg	90kg

《改善目標値》
検査結果不良項目数：現状5項目 ⇒ 2年後に0項目

年後に0項目にすることを改善目標として設定し、不良となった5項目の各基準値と各現状値を明記しています。これによって、問題解決の進捗状況と達成度を定量的に検証できるようになるのです。

ステップ8　課題解決：「実行施策」の遂行を通じた問題の解決

あるべき姿の実現を目指した実行施策は、達成基準である改善目標値の達成度を逐次検証しながら実施していきます。その際に実行施策の内容に応じた実施方法を選択することで、効果的かつ効率的な取組みを行うことができます。図表2.16のとおり「知識」や「やり方」を対象にした実行施策であるなら、実行施策を遂行するための施策手段を検討すればよいのですが、「体質」や「習慣」を対象にした実行施策であるなら、なぜなぜを通じてこれまでできなかった原因を追究したうえで、この原因に対処するための改善活動を実施しなければならないのです。ここでは、摂取カロリー計算方法の習得を始めとする5項目に対しては施策手段の検討を通じた対応を、起床時間の設定と遵守を始めとする残りの5項目に対しては改善活動の実施を通じた対応を、実施することにしています。これによって、

2.1 問題解決スキルを育成するために欠かせない要素

図表 2.16 「実行施策」の遂行を通じた問題の解決

| 起床時間の設定と遵守 |
| 帰宅時間の設定と遵守 |
| 毎食時間の設定と遵守 |
| 摂取カロリー計算方法の習得 |
| 毎食メニュー概算カロリーの把握 |
| 外食メニュー概算カロリーの把握 |
| 運動カロリー計算方法の習得 |
| 運動メニュー概算カロリーの把握 |
| 日々の運動の実行と記録の実施 |
| 日々の体重の計測と記録の実施 |

この類は「知識」や「やり方」の問題 → 実行するだけで比較的簡単に対処できる

この類は「体質」や「習慣」の問題 → 原因追究して改善しないと対処できない

⇒ 改善活動の展開（なぜできなかったのか）

実行施策の内容に相応しい取組みを実施できるようになったのです。

ステップ 9　課題解決：「SR ストーリー」による継続的な改善

　望ましくない状態を解決するために、あるべき姿の実現へ向けての実行施策の遂行を通じた取組みが開始されたら、一つの実行施策の完了時点もしくは半年単位や 1 年単位といったような期間的な節目において、それまでの取組みを振り返るためのレビューが必要となります。このレビューでは、達成基準をもとに取り組んだ内容(S)と得られた結果(R)を突き合わせることで、成果が得られた良い取組み（良い子）と、成果が得られなかった悪い取組み（悪い子）とに、各取組みを仕分けすることが重要なのです。そして、良い子は次へ継続して、悪い子は次で改善するというシンプルな考え方で、次は今より必ず良くなる形のブレのない継続的な取組みを行うために、SR ストーリーを展開していくのです。

　ここでは、**図表 2.17** のとおり、生活習慣を S、結果を R、問題解決に取

図表 2.17　「SR ストーリー」による継続的な改善

	これまで	改善取り組み中の現在	今後の進め方
生活習慣	●欲求にもとづく外食主体の食生活 朝食　かつ丼 昼食　カレーライス、ラーメン 夕食　スパゲッティ、ハンバーグ 夜食　ピザ 運動　ほとんどなし	●低カロリーを意識した自炊主体の食生活 朝食　野菜、パン、ヨーグルト 昼食　そば 夕食　野菜、焼き魚、煮物 夜食　なし 運動　30分（通勤時）	●効率的な仕事の進め方による帰宅時間の早期化 ↓ 運動時間の創出
結果	体重　90kg BMI　30 ↓ 血糖値　300以上	体重　75kg BMI　25 ↓ 血糖値　200	体重　70kg未満 BMI　23以下 ↓ 血糖値　100以下
良かった点	何一つなし	食習慣改善	──
悪かった点	高カロリー食	少ない運動時間	──
原因	●食生活不摂生による食べ過ぎ ●摂取カロリーに関する認識不足	●帰宅時間が遅い	──

り組む前をこれまでとして、望ましくない状態に関する、SとR、良かった点と悪かった点、悪かった点の原因を整理して、問題解決の経緯と進捗状況を整理したのです。次に、問題解決に取り組んだ現時点を改善取り組み中の現在として、これからの取組みとして考えていることを今後の進め方として、同様の整理を実施しています。これによって、問題解決への取組みをレビューすることができるとともに、問題解決の経緯と進捗状況を見える化することができたのです。

ステップ10　活動整理：「活動経緯報告」による全容見える化

望ましくない状態の解決へ向けた問題解決への取組みが一段落もしくは完了したところで、活動経緯報告として問題解決活動を全体的視点でまとめ上げることで、関係者と共有できるようにしておくことが必要です。何を狙いにして、どのようなことをポイントにして、どのような取組みを計画して、このような経緯で取り組んできたから、このような結果が得られ、

2.1 問題解決スキルを育成するために欠かせない要素

このような教訓を残すことができた、というように整理するのです。一つの取組みが完了した後に、このような事後の整理を丹念に行う人は多くありませんが、こうして問題解決活動全体を振り返るたびに、問題解決行動を固有スキルとして定着していくことが、問題解決力を向上させるための秘訣です。

図表2.18はこれまで取り組んできた結果を全体の流れに主眼を置いてサマライズすることで、全体を俯瞰できるように1ページにまとめたものです。これによって、問題解決活動の実施事例が共有財産として残せるようになることから、新たな問題解決に取り組む際の参考事例など、組織全体での有効活用を図れるようになるのです。

これまで多くのページを費やして問題解決行動の雛型ストーリーについて説明してきましたが、これによって問題解決行動の何たるかがおおよそ理解できたと思います。しかし、これでわかった気になったり、できるような気になったりしてはいけないのです。このような状態で問題解決行動を実務で実践しようとしても、ほとんど上手く実践できないと思います。このためには、実務と同じような題材で問題解決行動を実体験できる教育プログラムを準備して、実際に問題解決行動が実体験できるような問題解決教育を展開していかねばならないのです。これまで行われていた問題解決教育にはこの要素が欠けていたことから、問題解決教育を展開しても現場の実務で実践できる問題解決力を育成できなかったのです。

富士ゼロックスにおける問題解決教育の展開に際して、このような問題解決行動を実体験できる独自の教育プログラムとして、レゴロゴ製作実習、紙ブーメラン製作実習、ストロー橋製作実習といった一連の教材を筆者が企画開発しました。そして、問題解決教育の実施においては、たとえ時間を掛けてでもこれらの教育プログラムを適用するようにして、問題解決行動を実体験できる場を積極的に提供していくようにしたのです。ちなみに、富士ゼロックスにおける技術系新人研修においては、これら3種類の教育プログラムを展開していて、これまで1千人を超える新入社員が3回にわ

第2章　問題解決教育プログラムの整備

図表2.18　「活動経緯報告」による全容見える化

	設計製作活動経過	
	S1-取組み前の状態	S2-取組み中の現在の状態
	【日常生活の方針】 ・転職に伴って健康をまったく意識しない生活を送るようになってしまった。	【日常生活の方針】 ・低カロリーを意識した自炊主体の食生活へ変えることで、まずは健康主体的な生活習慣の基礎をつくる。
	【生活習慣の実態】 ・好きな食べ物を好きな時に好きなだけ食べるというように、規則正しい生活習慣をまったく意識していなかった。	【生活習慣の実態】 ・摂取カロリーが1日当たり2,500kcal程度の和食を基軸にした自炊主体の食生活を送るにした。
	R1-取組み前の結果	R2-取組み中の現在の結果
	【健康状態】 ・健康診断で5項目の検査結果が不良と指摘された。	【健康状態】 ・健康診断で不良と指摘された5項目の検査結果が徐々に良化し始めた。
	【良い点-守るべきこと】 ・何一つなし	【良い点-守るべきこと】 ・検査結果が良化し始めた現状の食生活は成果結果につながっていることから、今後も継続する。
	【悪い点-変えるべきこと】 ・食事内容が1日当たり4,000kcalに至る外食主体の高カロリーの食生活になっている。	【悪い点-変えるべきこと】 ・仕事の影響で帰宅時間が遅い始めたため夕食時間が遅くなることに、夕食後に自宅で運動する時間がとれない。

生活基準
・食生活は和食主体を基本とした自炊主体とし、朝昼夕ともに決まった時間に規則正しく摂取すること（1日当たり摂取カロリー約2,500kcalを目安） ・体重とBMIの2項目は毎日、その他の3項目は毎月の定期検診で計測することで、常に現在の健康状態を意識した生活を送ること

取組み目標
2年間で失った健康を2年間で取り戻す。
検査結果不良項目数
現状5項目⇒2年後に0項目

取組みターゲット
空腹時血糖値
HbA1c
中性脂肪
BMI
体重

取組み目標達成上のポイント
・取組み方
規則正しい生活習慣づくりと生活上の定着
⇒基本的に転職前の生活習慣を取り戻す

取組み目標達成のロジックツリー

- 起床時間の設定と遵守
- 帰宅時間の設定と遵守
- 毎食時間の設定と遵守
- 摂取カロリー計算方法の習得
- 毎食メニュー概算カロリーの把握
- 外食メニュー概算カロリーの把握
- 運動カロリー計算方法の習得
- 運動メニューの流行と記録の実施
- 日々の運動実行の計画と記録の実施
- 日々の体重チェックと記録の実施

- 生活時間の是正
- 食事内容の是正
- 継続的な運動の実施
- 健康管理の実施

規則正しい生活習慣づくりと生活上の定着

64

たって問題解決行動を実体験しており、この研修を受講した新入社員たちの多くがどのような職場に配属されたとしても、問題解決行動を現場の実務を通じて実践できるのです。

◆問題解決研修トレーナーの育成

　教育を実施するには、知識の提供や進め方の指導をする研修トレーナーが必要です。通り一遍の知識教育であるなら特に問題はないのですが、問題解決のように、知識としてわかっていれば良いだけでなく、現場の実務で実際に実践できて役に立つことを期待されている教育では、研修トレーナーの力量が大きく問われます。これまでの教育では、教育内容に関係する分野での業務経験の持ち主や人前できちんと話ができる程度の人物があれば、概ね研修トレーナーとして担当できると判断されており、研修トレーナーとしての力量にあまり視点が置かれていませんでした。教育の目的が、各種のツールの使い方や内容の説明といったような、いわゆる知識として覚えておけば良いことを教えるというレベルであるなら、このような研修トレーナーでも良いのかも知れません。ところが、現場の実務で実践できて役に立つ高いレベルを目的としている問題解決教育では、このような研修トレーナーでは十分な教育を実施できないのです。問題解決教育では、マニュアルどおりのインストラクター的な進め方ではなく、自己の経験を踏まえた実践的な進め方ができる研修トレーナーが求められるのです。

　ここに一つの事実としての結果があります。**図表 2.19** は教育した内容の現場実務への役立ち度が低いことに関するなぜなぜの結果を特性要因図で見える化して、当時実施されていたさまざまな研修の受講者から入手したアンケート結果を活用して、要因検証を実施したものです。その結果、受講者の多くがアンケートで指摘していた内容に合致している要因、すなわち教育した内容の現場実務への役立ち度が低いことの原因として、次の4項目を特定できたのです。

- **研修方法**：気づきが少ない。

第2章　問題解決教育プログラムの整備

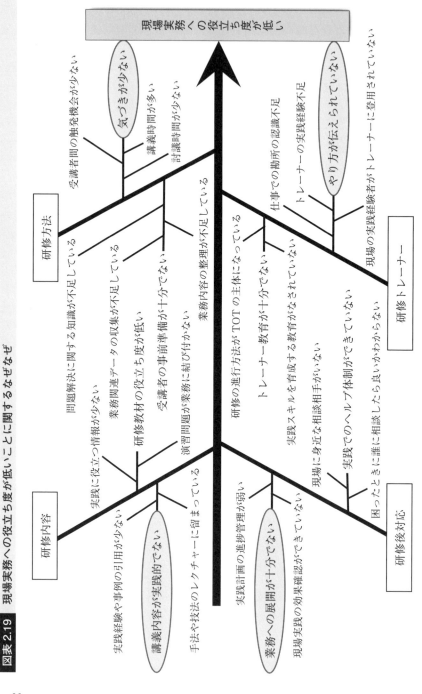

図表 2.19　現場実務への役立ち度が低いことに関するなぜなぜ

2.1 問題解決スキルを育成するために欠かせない要素

- **研修内容**：講義内容が実践的でない。
- **研修トレーナー**：やり方が伝えられていない。
- **研修後対応**：業務への展開が十分でない。

　この原因として特定できた4項目を見ると、研修の受講者は、気づきが得られて、実践的な講義内容で、やり方を伝えてくれて、実務へ展開につながる、という研修を要求していることがわかります。このような要求に応えるには、教育プログラムの観点からの対応だけでは十分でなく、むしろ研修トレーナーの観点からの対応が重要であることが事実として判明したのです。マニュアルどおりのインストラクター的な進め方しかできない研修トレーナーでは、問題解決教育の目的である現場の実務で実践できて役に立つという、高いレベルの教育はなし得ないのです。したがって、問題解決教育の研修トレーナーは現場経験があれば誰でも良いというものではなく、次のような経験と素養が求められるのです。

- 自らの現場経験を通じて問題解決に積極的に取り組んできたという豊富な問題解決経験
- その豊富な問題解決経験を通じて自ら数多くの教訓を培ってきたという自己学習能力
- その自己学習能力を通じて培ってきた教訓をわかりやすく第三者に伝えることができるというコミュニケーション能力

　このなかでも問題解決経験は重要で、現場で取り組んできた内容が自己流でただ単に力任せに頑張ってきたというものではなく、多少の自己流によるカスタマイズはあったとしても、問題解決の基本を踏まえた正しい進め方で取り組んできていることが必要不可欠なのです。また、すべての教育における共通項として、人に教えることが好きな人という点も研修トレーナーとしてとても大切な素養です。

　問題解決教育を展開する際には、その展開規模が大きくなるほど数多くの研修トレーナーが必要となります。筆者が富士ゼロックスで問題解決教育を展開する際に、問題解決教育の研修トレーナーとしての素養を満たす人は、残念ながら筆者の身の回りに皆無の状況でした。そこで、筆者と一

緒になって問題解決教育を展開してくれる研修トレーナーの育成が、何よりも緊急かつ重大な課題となったのです。当時、筆者のもとには、研修トレーナーとしての責務を担うべき部下や関係者が数名ほど存在していましたが、彼らは問題解決に関する取組みすらまともに経験したことがなく、筆者から見てまったくの素人同然でした。

　富士ゼロックスにおいて展開している問題解決教育プログラムは、すべて筆者自身が企画立案、そして実施してきていることから、筆者が自ら実施している問題解決研修を受講したり、オブザーブしたり、アシスタントを担当したりといったことを通じて、まずは彼らに問題解決についてしっかり学んでもらいました。そして、筆者が自らの経験や知見をどのように伝えようとしているのかについても、摑みとってもらうようにしました。さらに、学んだことの実践として、週単位や月単位の業務報告会を通じて、目標と実績との差異、差異に関するなぜなぜ、なぜなぜを踏まえた今後の進め方といった問題解決の基本をマネジメントの立場から指導することを通じて実践させました。また、期末にはSRストーリーによる業務レビューを、期初には問題解決フレームワークによる業務目標設定とロジックツリーによる業務施策展開をといった取組みを通じて、問題解決行動の基本を実践させました。このようにして、自らの業務のなかで意識した形で実践的に問題解決に取り組ませることで、問題解決教育の展開のキーパーソンとなる研修トレーナーを自らの手で育成してきました。

　この研修トレーナーの育成へ向けた一連の取組みを研修トレーナー育成プログラムとして標準化して、現場での問題解決キーパーソンの育成に役立てています。このような問題解決に関する人づくりを通じて、現場のあちらこちらに問題解決キーパーソンが存在するようになると、この問題解決キーパーソンが起点となって教え学べる現場づくりへと発展していくのです。問題解決は仕事の基本そのものであることから、スタッフによるオフラインの教育ではなく、現場のなかで現場の人たちによるオンラインの教育を通じて脈々と伝えられていくのが本来の姿なのです。

2.1 問題解決スキルを育成するために欠かせない要素

◆研修テキストの準備

　教育を実施する際には学びの助けとなる教材が必要不可欠ですが、なかでも研修テキストは教育内容の標準化という観点からとても重要なアイテムの一つです。富士ゼロックスで実施している問題解決教育の原本は、社内研修用テキストとしてすべて筆者が作成してきたものですが、研修を実施するごとに原本の電子版をプリントアウトして配付するという、どこでも行われているようなやり方をしていました。ところが、問題解決教育の社内外への展開に伴って、このやり方をしていることでさまざまな弊害が起きてきました。

　富士ゼロックスにおいて問題解決研修トレーナーの育成が進み、彼ら自身が問題解決研修を担当するようになってくると、自らの考えを研修テキストに盛り込もうとして、原本の電子版の内容に手を加えるようになってきました。このような傾向は、研修トレーナーの成長という面では望ましいといえなくもないのですが、教育内容の標準化という面では望ましくないのです。このような状態を放置しておくと、研修トレーナー間で研修テキストが引き継がれるたびに、親から子、子から孫、孫から……、といった形で研修テキストの内容が改訂され続けてしまい、結果としてさまざまな研修テキストが乱立するようになりました。このような状態になると、もし研修テキストに抜本的な改訂を仕掛けたいという事態に至ったときに、どの研修テキストに立ち戻れば良いのかわからなくなってしまいます。

　また、富士ゼロックスの問題解決教育が社外から注目されるようになってきたことで、外部機関での講演やビジネス誌への掲載などを通じて、その教育内容が社外で広く知られるようになりました。これにより、数多くの企業の人材育成もしくは教育関係者の方々から、富士ゼロックスの問題解決教育の内容に関する問合せが舞い込むようになってきました。ところが、富士ゼロックスにおいては研修テキストには社内使用のみという取り扱い上の制約があることから、これらの問合せに対して十分な対応を行うことができませんでした。問題解決教育の内容を共有しようとしても、問

題解決教育の内容が研修テキストに盛り込まれていることで、その場で見て聞いてという形でしか紹介できなかったのです。例えば、富士ゼロックスのインターンシップ研修では問題解決教育を実施していますが、配付した研修テキストを研修終了時には回収するという対応をとっていたのです。

このように、研修テキストにまつわる問題が次第に目につくようになってきた頃に、日科技連出版社から富士ゼロックスの問題解決教育に関する執筆依頼がありました。ビジネス書として世の中に出版できれば、問題解決教育に関する教育内容の原本を残すことができるとともに、社内研修テキストとしての取り扱い上の制約を免れると考えました。この結果、問題解決に関する考え方を紹介することを目的として、2012年に『技術者の仕事の基本 問題解決力』を出版する運びとなったのです（**図表 2.20**）。そして、筆者が富士ゼロックスにおいて実施している問題解決教育のなかで使用しているスライドや話している内容を、ありのままに掲載することで、この本をそのまま問題解決教育の研修テキストとして活用できるようにしました。さらに、この問題解決力の姉妹本として、2014年には、問題解決を実践するためのポイントを紹介することを目的として、『技術者の仕事の勘所 問題解決実践力』を出版しました。この問題解決実践力には現

図表 2.20 問題解決研修テキスト

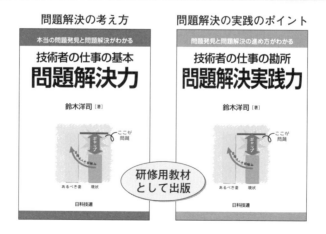

場の実務で役立つ知見が掲載されていることから、社内研修や自己啓発の場において前作とともに活用することで、「知る→わかる→できる」という形で問題解決力を高めていくための助けになると思います。

2.2 教育要件に対応した教育コンテンツの検討

◆問題解決行動の良し悪しを決定する要素

　問題解決力とは問題解決行動を現場の実務を通じて実践することであると考えれば、問題解決力のレベルの高さを決定する要素は問題解決行動の出来栄えの良し悪しにあるといえます。さらに、この問題解決行動の良し悪しを決定する要素といえば、それは問題解決スキルと実務展開力です。問題解決スキルとは問題解決に関する各種の考え方や手法を実務で活用する力のことであり、具体的には想像力・企画力やコミュニケーション力などの問題解決に関する10項目スキルのことです（図表2.21）。実務展開力とは問題解決に関する各種の取組みを実務で実践する力のことであり、具体的には問題を認識するに始まる問題解決に関する主要な活動内容のことです。

　したがって、この問題解決スキルに関する10項目スキルや実務展開力に関する主要な活動内容の何たるかが十分に理解できて、更に問題解決行動として現場の実務での実践につながるような教育コンテンツを体系的に品揃えすることで、より学びが多く効果的な教育を展開しなければなりません（図表2.22）。そのためには、問題解決スキルに関する10項目スキルについては個々のスキル項目を題材にして、実務展開力に関する主要な活動内容については目標とする成果を成し遂げる仕事を題材にして、個々の教育コンテンツを企画開発することが必要です。

　これらの教育コンテンツの主要なものとして、問題解決行動に関する5つの勘所である「問題解決フレームワーク」「ロジックツリー」「SRストーリー」「現状見える化」「なぜなぜ展開」に、「グループワーク」を加えた

第 2 章　問題解決教育プログラムの整備

図表 2.21　問題解決行動に求められる問題解決スキル

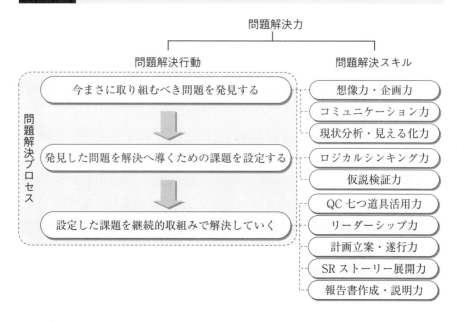

図表 2.22　問題解決行動に求められる実務展開力

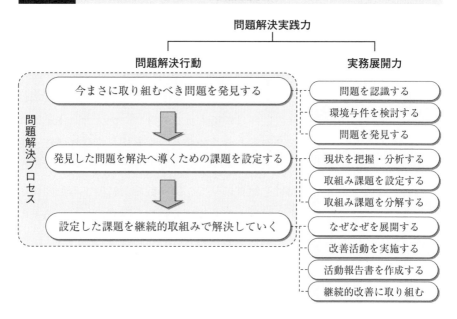

6つの要素を学ぶために富士ゼロックスで展開している教育コンテンツを紹介します。

◆問題解決行動の基本的な流れを学ぶための教育コンテンツ

この領域においては、「問題解決フレームワーク」「ロジックツリー」「SRストーリー」の3つの要素が対象となります。

- **問題解決フレームワーク**：今まさに取り組むべき問題を発見する。
- **ロジックツリー**：発見した問題を解決へ導くための課題を設定する。
- **SRストーリー**：設定した課題を継続的取組みで解決していく。

これらは問題解決行動に関する基本的な流れを以下のように理解することができる重要な要素であり、問題発見研修という教育コンテンツを通じて学ぶことができるようになっています。

【問題発見研修】

数多くの教育コンテンツのなかでも問題解決の基盤として重要な位置づけにある問題発見研修は、以下のステップで進められます。

ステップ1：問題発見研修を通じて検討する題材、すなわち問題解決のテーマとして解決したいことを設定する。

ステップ2：環境与件の5項目に関する各観点を理解して、設定した題材にまつわる環境与件を整理し、取り巻く環境を認識する方法について学ぶ(**図表2.23**)。

ステップ3：問題解決フレームワークの活用方法を理解して、問題解決フレームワークの考え方を踏まえて設定した題材を整理し、問題を発見する方法について学ぶ。

ステップ4：問題解決フレームワークで発見した問題に対して、あるべき姿の実現へ向けて現状を変革していくという方向性で、取り組むべき課題を設定する(**図表2.24**)。

ステップ5：ロジックツリーの活用方法を理解して、設定した取り組むべき課題を体系的に分解し、遂行可能な実行施策を立

第2章　問題解決教育プログラムの整備

図表 2.23　環境与件を検討する

将来の夢 （ビジョン）	自分もしくは組織として、是非実現したいと認識していることを明確化する
環境変化 （リスクアセスメント）	取り巻く環境において、現在もしくは将来へ向けた懸案事項を明確化する
原理・原則 （KFS）	自分の仕事もしくは人生において、なくてはならない成功要因を明確化する
顧客満足 （CS）	自分のアウトプットを待ち受ける人たちの価値観もしくはニーズを明確化する
効果・効率 （ベンチマーク）	自分が取り組んでいる業務プロセスに関する卓越した他社事例を明確化する

　　　　　　案する方法について学ぶ（**図表 2.25**）。
　ステップ 6：SR ストーリーの活用方法を理解して、設定した取り組むべき課題に関する過去→現在→将来にわたる一連の経緯を整理し、節目でのレビューにもとづく継続的改善の進め方について学ぶ（**図表 2.26**）。
　ステップ 7：問題発見研修を通じて検討してきた一連の結果について、事後課題として現場の実務を通じて問題解決行動を実践する。

　このようにして、設定した題材をもとに問題解決行動のあり方を検討していくことで、「問題解決フレームワーク」「ロジックツリー」「SR ストーリー」の 3 つの要素に関する活用方法を学びながら、現場の実務での問題解決行動の実践につながる検討結果を得ることができます。

　ここで、入社 10 年後に目指す姿を題材に設定し、新入社員に対して実施した問題発見研修での検討結果の一事例を紹介します（**図表 2.27**）。まず

2.2 教育要件に対応した教育コンテンツの検討

図表 2.24 問題を発見する

あるべき姿(問題が解消できた後のイメージ)

【①題材に関するあるべき姿を想像する】

①まず初めに行うこと
環境与件を踏まえて自業務を通じてなすべきことや自分自身のあり方などを考え、その全体像が他者に理解できるようにイメージ図主体で具体的に表現する。

問題(あるべき姿と現状のギャップ)

【③ギャップの内容や派生する問題を明確化する】

③続いて行うこと
①に表現されたあるべき姿と②に表現された現状との差分として、現時点において未だ実現できていない領域と、それによって派生している(または派生すると考えられる)悪しき現象を表現する。

現状(あるべき姿への現時点での到達レベル)

【②あるべき姿に対する現状レベルを把握する】

②次に行うこと
①に表現されたあるべき姿に対して、現時点において現場で既に取り組んでいる、もしくは取り組まれつつある領域を、あるべき姿で表現された内容と比較しやすい内容で表現する。

課題

④最後に行うこと
①のあるべき姿の実現へ向けて、③の問題を解消するために、②の現状を変革していくための課題を設定する。

SRストーリーにもとづいて、設定した題材にまつわる過去→現在→将来にわたる一連の経緯を以下のように整理しました。

- **過去**：学生時代での取組み内容と結果、およびレビューでの反省点
- **現在**：新人研修での取組み内容と結果、およびレビューでの反省点
- **将来**：配属後に実践したいと考えている取組み内容と目指す姿

これによって、学生時代に培ってきたことを自己実現する形で目指す姿を描けるようになることから、学生から社会人への切り換えを無駄なくスムーズに行うための基盤を形成できます。さらに、将来として描いた目指す姿を実現するために、問題解決フレームワークにもとづいて、目指す姿と現状の自分との差異を問題として認識して、その問題を解決するための

第2章 問題解決教育プログラムの整備

図表 2.25 取組み課題を分解する

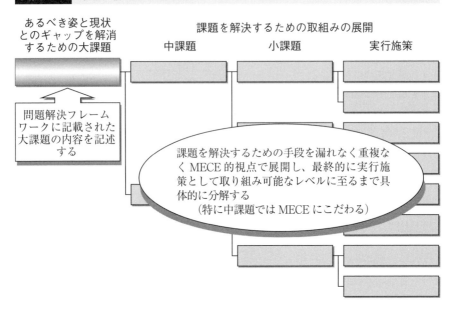

図表 2.26 継続的改善に取り組む

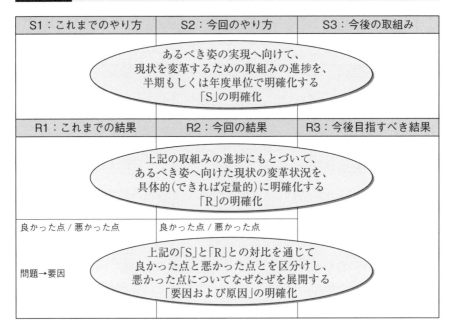

課題を設定しました。この後、ロジックツリーにもとづいて、目指す姿の実現へ向けた課題を解決するための10年計画を立案したのです。これによって、学生から目指す姿への自己変革を実現するための、問題解決行動の全体像を明確にすることができます。そして、この一連の検討結果を配属先の上司に説明させることで、目指す姿の実現へ向けたコミットメントと育成支援要請を自ら行うように仕向けました。

このようにして、問題発見研修では設定した題材をもとにして問題解決行動の基本的な流れが実践的に学べるだけでなく、現場の実務での実践につながる検討結果が得られるのです。ここで紹介した新人向け問題発見研修の事例では入社10年後に目指す姿を題材として設定しましたが、

- 役員向け問題発見研修では担当事業領域もしくは全社において目指す姿
- 中堅社員向け問題発見研修では自業務もしくは自職場における目指す姿

など問題発見研修の受講者に相応しい課題を設定することができます。

また、図表2.28に示す問題発見の構図を全体的にまとめるためのワークシートを活用すると、問題発見に関する各観点からの検討を簡易的に行うことができるとともに、問題の発見に至るまでの大筋の流れを全体俯瞰する形で把握することができます。このワークシートを用いた問題発見を問題発見研修の事前課題として設定することにより、問題解決研修を効率的に進められるようになるだけでなく、問題解決行動に関する研修受講者の理解をより深めることができるようになります。

第2章 問題解決教育プログラムの整備

図表 2.27　新人研修での目指す人材像の検討事例

過去→現在→将来の自分の取組みを題材にしたSRストーリー

S1：これまでのやり方	S2：今回のやり方	S3：これからの取組み
・必要な情報は何か ・その情報を手に入れる手段を修論テーマに沿って考える →情報を調べる→研究にとって、今自分がとるべき最善の行動をとる →得られた結果をまとめる→先生や先輩に相談→今後の方針を決める時間はたっぷりあった。	人の話を聞く →その中で ・何が大切なのか ・相手が一番伝えたいことは何かを考え、察する→その話を踏まえて、自分の考えを瞬時にまとめる →他人に伝える というプロセスを練習し続けた。	今自分がすべきことは何なのかを決めて仕事を進める。 伝えたいことは何なのかに気をつけて話を聞くor する。 そのとき最も効果的に伝えるためには、どのように行うのが良いかの知識と経験を蓄える。

R1：これまでの結果	R2：今回の結果	R3：これから目指すべき結果
一つの論文という形に仕上げることはできた。 達成したかった目標はいまいちであった。 研究するというプロセスを学ぶことができた。	限られた時間の中で自分の考えをまとめて、人に伝えるというプロセスを行うときの「ものの考え方」に少し慣れてきた。 （あるべき姿に対する現在の達成率20%）	「人から頼られる社会人」である。 ・考え方が論理的で人を説得できる伝え方をすることができる。（大事なこと、それを達成するために必要なことが最後までブレない。） ・自分の分野では誰にも負けない知識や能力が身についている。（日々努力ができる。慢心しない。） ・責任をもって仕事ができる。（適当な仕事をしない。） ・スムーズなコミュニケーションが誰とでもとれる。
良かった点/悪かった点 プロセスは身についた。テーマが悪かった。目標を達成するために自分の専門外にも手を出して研究できれば一番良かった。 問題→要因 専門の中でのみ活動するならテーマを変える。目標を達成するなら他の専門に手を出すべきだった。何が大事なことかを決めなかったのが要因。	良かった点/悪かった点 考え方に少し慣れてきた。 自分が伝えたいことが何で、どのように伝えるのが最も良い方法かをすぐに決定することができない。 問題→要因 伝えたいことが何かを常に考えながら話を聞くことに慣れていない。 伝えたい内容や聞き手に応じた、最も効果的に伝える方法を知らない。	人を笑顔にする働きができる人間になる！

SRストーリー

作成
学生時代→新人研修中→

これまで⇒これまでの自分の取組みのやり方と結果を踏まえて良かった点と悪かった点とその原因を明確化する。
今回　　⇒今回の自分の取組みのやり方と結果を振り返って良かった点と悪かった点とその原因を明確化する。
これから⇒これからの自分の取組みのやり方と結果をロジックツリーの展開結果にもとづいて明確化する。
・この後は取組みが一段落するごとに上記のストーリーを繰り返すことにより、節目での活動レビューと継続的な取組みを図っていくとともに、更なるあるべき姿の想像を通じた新たな問題解決フレームワークの企画立案につなげていく。

2.2 教育要件に対応した教育コンテンツの検討

10年後の自分の目指す姿を題材とした問題解決フレームワーク

私の目指す10年後のあるべき姿

目標：**人から頼られる技術者に！** なる！

気配りができて頼られる

心に余裕ができる

論理的思考／知識／コミュニケーション

行動に責任をもつ
自己管理ができている

そして、意見を言いやすい会いに行ける技術者になる

- T型人間（またはπ型人間）である
- 立場の異なる社内外の人と円滑に話せる
- 考え方が論理的で、それを人に伝える能力がある

自分の担当案件（複数）以外にも相談を受け、現状把握のために現場に行って話ができる

問題（育成すべき能力）

研修で得た知識（自社のこと、マナー）しかなく、頼られるには **不十分**。→会社の信頼を失う！
対策：毎日新聞を読んで常識を養う

世間を知らず、立場の異なる人とのコミュニケーションのとり方がわからない。→連携不足になる！
対策：物怖じせず相手の考えを察する、メモをとる

論理的思考ができていないため、限られた情報・時間の中で大事なことを判断し、人に伝えられない。
→人を説得できずに頼られない！
対策：短文を読んで要約する練習をする

現状（現在の保有能力）

学生時代に得た化学的な知識や、目上の人・公共の場へのマナーを知っている（I型人間）
あるべき姿に対する現在の達成率10%

自分の同期に関しては親しみをもって接することができる
（あるべき姿に対する現在の達成率30%）

資料や情報や時間を十分に与えられた中で、自己ベストを提供できる
（あるべき姿に対する現在の達成率35%）

問題解決フレームワーク

事例
配属後にわたる自己変遷

- あるべき姿⇒10年後に目指す姿の達成イメージをより具体的に明確化する。
- 現状　　⇒あるべき姿に対して現時点で実現できている領域を事実データをもとにして明確化する。
- 問題点　⇒いまだに実現できていない領域をあるべき姿と現状のギャップとして明確化する。
- 取組み課題⇒あるべき姿の実現へ向けて現状を変えていくための方針として取組み課題を設定する。
- この後ロジックツリーによって取組み課題を解決するための処方箋を明確化し、SRストーリーにもとづいて継続的活動を展開していく。

図表 2.28　問題発見の構図の全体まとめ

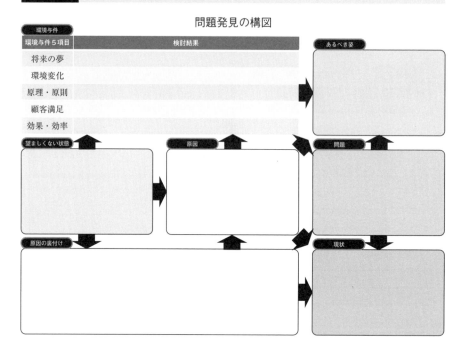

◆問題解決行動の主な要素を学ぶための教育コンテンツ

　この領域においては、「現状見える化」「なぜなぜ展開」「グループワーク」の3つの要素が対象です。

- **現状見える化**：データを処理分析して意味をもつ情報へと変換することで、現状を適確に見える化する。
- **なぜなぜ展開**：検討対象へのなぜなぜを通じて要因を洗い出し、データにもとづいて原因を特定する。
- **グループワーク**：組織としての成果の獲得へ向けて、生産性が高く想像性に溢れた活動を展開する。

　これらは問題解決行動に関する個々のパートの出来栄えを左右する重要な要素であり、データ分析実習、要因ドン演習、グループワーク実習などの教育コンテンツを通じて学ぶことができるようになっています。

2.2 教育要件に対応した教育コンテンツの検討

【データ分析実習】

　問題解決行動は意思決定の集合体であり、活動の節目において選択や判断が都度必要となります。ところが、このような選択や判断をKKDに頼っていては意思決定の精度が低くなることから、結局は天のみぞ知る運任せの取組みになってしまう懸念があります。これでは、失敗への道をひたすら歩むことになりかねません。こうした状況に陥らないためには、意思決定の精度を高めることが大切であり、このためには意思決定をデータにもとづいて行うことが必要なのです。こうして意思決定の精度を高めていくことが、結果として問題解決行動の出来栄えを高めていくことにつながります。

　部下の定性的な報告を聞いて、「現場・現物・現実の三現主義にもとづいてデータでものを言え」という指示を出している上司を目にすることがあります。この指示を出された側の人は、どのようにこの指示を受け止めるのでしょうか。たぶん、言われたとおりにきちんと取り組める人と、そうでない人に分かれると思います。このように分かれる理由の一つとして考えられることは、Excelの活用スキルです。今やPCの一人一台が当たり前といわれる時代になり、ExcelやWordやPowerPointなどのオフィスツールを、PCが鉛筆にとって代わったかのように、誰もが当たり前に使いこなしているように見えます。ところが、この使いこなしという点に大きな落とし穴が存在しているのです。

　WordやPowerPointのように、キーボードから入力した文字や指示に従って結果を表現するような、いわゆる文書作成機能であれば、表現の上手や下手という違いはあったとしても、ほとんどの人たちがPCを使いこなしているという状態にあるといっても過言ではありません。一方で、Excelの使い方を見ていると、筆者の知る限りにおいては、多くの人たちがExcelの文書作成機能の部分を使っているのです。WordやPowerPointとの使い方の違いとして特徴的なことは、Excelに装備された罫線機能やグラフ作成機能を使って、各種の帳票や一覧表、グラフなどを作成するためにExcelを使っているのです。

各種の帳票や一覧表、グラフなどを作成することは、Excelの使用目的の一つとして決して否定されるものではありませんが、Excelの本来の使用目的はデータを集計・加工・分析するなどの処理を施すことなのです。このような本来の使用目的でExcelを使いこなしていないことが、データでものを言えない状態を引き起こしているのです。だから、例えば何らかの分析を行ったとしても、定性的な表現にもとづいた持論だか推測だかわからないような結果しか提示できず、定量的なデータにもとづく疑問の余地がないような結論を導き出せないのです。さまざまな観点からの分析結果は、問題解決の随所で必要となる意思決定の際の判断材料として欠くことができないものですが、この分析結果の精度はExcelを活用したデータ分析スキルに大きく左右されます（**図表2.29**）。

富士ゼロックスでは、Excelを活用したデータ分析スキルを高めるための教育を、新入社員に対して時間を掛けて実施しています。ところが、この教育についてこられない落ちこぼれが毎年3割程度発生しているため、

図表2.29 Excelを活用したデータ分析による現状の見える化

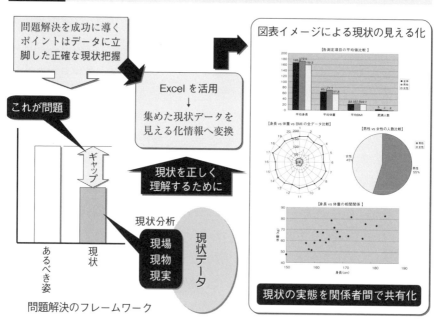

2.2 教育要件に対応した教育コンテンツの検討

この落ちこぼれ対策として新人研修内の自由時間を活用して補講を実施しているような状態です。つい最近まで現役の学生として、それなりにPCを使いこなしていた新入社員ですらこのような状態なら、現役の中堅社員の状況は推して知るべしです。ということで、現役の中堅社員向けには「今さら聞けないExcel操作」という研修プログラムを用意していますが、毎回盛況といった状況です。

　Excelの教育とはいっても、Excelの機能を隅から隅まで、複雑な関数や分析ツールに至るまで、一切合財をすべて教育しようというものではありません。筆者が現場で培ってきた数多くの分析経験をもとにして、Excelに搭載された機能のなかでも、これだけを使いこなせれば富士ゼロックスでの分析はこと足りるという必要最低限の機能を選りすぐって、これらを短時間で集中的に演習を交えて教育するようにしたのです。さらに教育用DVDを製作して自習できるようにもしました。この教育では、以下のようなデータ分析のポイントを踏まえて、必要不可欠な機能を実体験しながら学んでいくことで、単に知っているだけでなく実際に活用できるようにしています。

- データの偏りを強調するような訴求力のあるグラフのつくり方
- データ分析の素材となるデータベースのつくり方
- データ分析の実体験を通じた分析報告書のつくり方

　例えば、グラフ作成においては、Excelのグラフ作成機能が使えるようになることが目的ではなく、これはあくまでも手段であり、グラフを活用して実態を見える化できるようになることが目的なのです。実態を見える化するためには、どう描くかというHow toの視点ではなく、何を描くのかというWhatの視点が重要であり、このWhatを追い求めるためにはデータの層別が必要となります。グラフを作成する際には、データの層別を何度も繰り返して見つけ出した偏りや特徴を、どのような種類のグラフでどのように描いたらわかりやすく表現できるのか、といった勘所を学ぶことが大切なのです。すなわち、グラフは層別の結果を見える化するためにある、と考えなければならないのです。このような考えにもとづいて作

成したグラフだからこそ、単に作成しただけのグラフとは異なり、問題解決における意思決定の際の材料として大いに役立つのです。

また、層別を行おうとしても、層別の素材であるデータベースがただデータを寄せ集めただけのような貧弱な内容であると、良い層別は決して行えません。良い層別につながる良いデータベースをつくるためには、まずは分析したいことを明確にする必要があります（図表2.30）。これが不明確であると何が何だか訳がわからないデータを、ただひたすら闇雲に収集することになってしまいます。分析したいことに関するさまざまな状態を示す結果のデータと、この結果のデータを説明するために活用できそうな属性データとを、各々意識して収集しなければならないのです。そして、このようにして収集されたデータをもとにして、層別に役立つデータベースをつくるのです。このデータベースをつくる際に、収集したデータに対して集計・加工・分析といった処理が必要となります。このときに役立つのがExcelのワークシート関数です。

Excelの解説本を見ると数多くのワークシート関数がありますが、その

図表2.30　データベースのつくり方

2.2 教育要件に対応した教育コンテンツの検討

説明を読むだけでは内容がわからないものばかりといった感があります。でも、心配することはありません。いくつかの基本的なワークシート関数を使いこなすことができれば、私たちの日常業務におけるデータ分析はほとんど支障なく実施できるのです。データ分析実習では、このようないくつかの基本的なワークシート関数を活用することで、集計・加工・分析といった一連のデータ処理を一通り体験できるようになっています（図表2.31）。しかも、自学自習スタイルで学ぶことができるので、わかるまで、できるまで、納得いくまで何度も繰り返し学習でき、現場の実務での実践に役立つスキルとして完全に身につけることができるのです。学んだ後は実践あるのみです。

　新人研修の一環として実施したデータ分析実習において、Excelでのデータ分析スキルのレベルを受講前後で測定し、そのレベルを前後比較することによってスキル向上度合いを検証してみました。その結果、受講前はレベル2を中心にしてレベル1からレベル3に分布していた集団が、受講後にはほとんどがレベル3以上、最低値でも2以上の集団へと変化したことが認められたのです（図表2.32）。言い換えると、受講前には、「知識程度はある」が中心で、良くても「活用経験がある」程度であったものが、受講後には、ほとんどが「活用経験がある」以上で、最悪でも「知識程度はある」というレベルに変化したのです。受講後のこのレベルの集団であれば、きちんとしたデータ分析にもとづいて、しっかりと現状を見える化することができて、意思決定に役立つ題材を提供していけると考えています。

【要因ドン演習】

　一風変わったネーミングですが、この点にはこだわらないでください。問題解決行動の出来栄えを高めるためには、データ分析による現状見える化とともに、原因の特定に結び付くなぜなぜ展開が重要な要素です。近頃は何かにつけてスピード感が求められますが、このスピード感にかこつけてか、ものごとについて深く考えず安直に答えを出し、一歩でも先に早く

第2章 問題解決教育プログラムの整備

図表2.31 Excelのワークシート関数の演習問題

ワークシート関数による各種指標の計算および集計

顧客番号	性別	年齢	身長	体重	BMI	肥満判定	男性BMI	女性BMI
1001	男性	45	165	61.3				
1002	男性	23	173	81.5				
1003	女性	33	158	52.2				
1004	男性	27	178	75.2				
1005	女性	38	162	60.3				
1006	女性	43	157	57.7				
1007	男性	57	182	73.7				
1008	男性	39	177	62.1				
1009	女性	22	169	63.7				
1010	女性	20	161	67.8				
1011	男性	31	168	68.2				
1012	女性	41	150	47.2				
1013	男性	58	166	78.4				
1014	男性	26	172	64.2				
1015	女性	24	164	58.2				
1016	女性	49	159	51.5				
1017	男性	51	185	82.5				
1018	男性	29	163	67.1				
1019	男性	48	167	71.7				
1020	女性	37	160	57.8				

集計結果	人数	平均年齢	平均身長	平均体重	平均BMI	肥満人数	最大BMI	最小BMI
全体								
男性								
女性								

上位3傑	身長	体重	BMI
第1位			
第2位			
第3位			

相関係数	
身長－体重	

計算実施日
年
月
日

ワークシート関数	関数フォーマット	参照セル番地
【数値演算関数】		
sum	=sum(データ範囲)	
average	=average(データ範囲)	H27〜K27
sqrt	=sqrt(データ・式)	
^	(データ)^(乗数)	K5〜K24
max	=max(データ範囲)	M27〜M29
min	=min(データ範囲)	N27〜N29
count	=count(データ範囲)	
counta	=counta(データ範囲)	G27
sumif	=sumif(検索範囲,条件,データ範囲)	H28〜K29
countif	=countif(データ範囲,条件)	G28〜G29 他
round	=round(データ・計算式,小数点以下桁数)	H27〜K29 他
roundup	=roundup(データ・式,小数点以下桁数)	
rounddown	=rounddown(データ・式,小数点以下桁数)	
rank	=rank(指定値,データ範囲)	
large	=large(データ範囲,指定順位)	I32〜K35
correl	=correl(データ範囲1,データ範囲2)	F33
rand	=rand()	
【文字列操作関数】		
left	=left(文字列,取り出し文字数)	F36
right	=right(文字列,取り出し文字数)	F36
mid	=mid(文字列,開始位置,取り出し文字数)	
fixed	=fixed(数値データ,小数点以下桁数)	
value	=value(数値文字列)	
【論理判断関数】		
if	=if(条件式,TRUE処理,FALSE処理)	L5〜L24
【日付表示関数】		
now	=now()	
year	=year(シリアル値)	N32〜N34
month	=month(シリアル値)	N32
day	=day(シリアル値)	N33
		N34

86

2.2 教育要件に対応した教育コンテンツの検討

図表 2.32 データ分析演習による Excel 分析スキルの向上効果

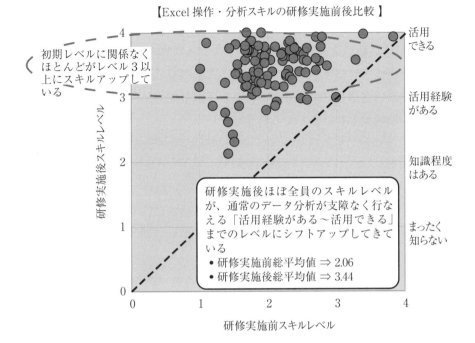

　前に進もうとする風潮があるような気がしてなりません。現場の人たちからも、「そういえばこの頃あまり考えなくなったなぁ」という声を時折聞くことがあります。

　問題解決的にいえば、考えるといってまず一番に頭に閃くことは、なぜなぜ問答です。ものごとに対して最初になぜと問い掛けて、その答えが返ってきたら間髪を容れずに再びなぜと問い掛けて、その答えが返ってきたら間髪を容れずにさらになぜと問い掛けて、といった具合に、この問答を延々と続けていくことで、やがて真相にたどり着くという考え方なのです。なぜという問い掛けを通じて、ものごとの理由を考えさせているのです。某自動車メーカーではなぜなぜ問答を5回繰り返すという逸話が有名ですが、問い掛ける立場にいればまだ良いのですが、もし答える立場に回ったら大変です。筆者も現役時代に部下に対してなぜなぜ問答をよく仕

掛けましたが、5回なんてとんでもない話で、ほとんどの場合は3回目ぐらいで答えに詰まってしまい、ここで終了となるのです。

　今流行りの一つとして、論理的思考という考え方があります。わかりやすくいえば、ものごとを論理的に、すなわち筋道を立てて考えることで、日本人が不得手としている考え方です。ところで、なぜなぜ問答を理由という観点から筋道を立てて考えるための手法と捉えれば、なぜなぜ問答も立派な論理的思考といえます。例えば、

　　今晩は外食をしました⇒なぜ（その理由は）⇒夕食の支度が面倒であったから

という問答を、

　　夕食の支度が面倒であったから⇒今晩は外食をしました

と言い換えれば、一つの論理が形成されたことになります。このように考えると、なぜなぜ問答は日本人が不得手としている論理的思考を育成するための格好の手段になるのです。

　問題解決行動においては、問題解決のターゲットである真の原因を適確に特定することが成否の分水嶺となることから、以下のようなプロセスの出来栄えが重要なポイントとなるのです。

- 多角的な視点から深掘りするなぜなぜを展開して要因を漏らさず洗い出す。
- 洗い出した要因を整理分類して特性要因図に落とし込んで見える化する。
- 要因のなかから結果の悪さを引き起こしている原因を要因検証で特定する。

　要因ドン演習では、現場の問題解決力が低い（またはばらつく）という望ましくない状態をテーマにして、なぜなぜから原因の特定に至るまでのプロセスにおける勘所について学びます。

　まず初めに取り組むことはなぜなぜによる要因の洗い出しですが、ここでは幅広い観点と深掘りという要素が勘所になります。筆者は、まだ駆け出しの若い頃に取り組んだQCサークル活動において、なぜなぜは特性要

2.2 教育要件に対応した教育コンテンツの検討

因図を使って行うと教わりました。ところが、やがて独り立ちして自ら問題解決に取り組むようになったときに、特性要因図を使ってなぜなぜを行うことに違和感を覚えました。特性要因図を使ってなぜなぜを行うと、頭の中の思考回路がスムーズに働かないのです。よくよく考えてみると、特性要因図はなぜなぜによって洗い出された要因を幅広い観点から整理分類して見える化する際には役に立つが、要因をなぜなぜによって深掘りしながら洗い出す際には役に立たないことがわかったのです。要因をなぜなぜによって深掘りしながら洗い出す際には、論理的な脈絡という思考回路が有効であることから、特性要因図よりはむしろ系統図のほうが手法として役に立つのです。しかも、要因をなぜなぜによって幅広い観点から洗い出す際にも、系統図は役に立ちます。このように、系統図を使って幅広い観点から深掘りし、なぜなぜを行うことで、要因を漏れなく洗い出すようにしたのです（図表 2.33）。

こうして、系統図を使ったなぜなぜによって要因を洗い出したら、個々の要因をポストイットに一件一葉で書き写します。そして、ポストイットに書き写した個々の要因を似た者同士を集めてグルーピングし、似た者集団をつくり、特性要因図の中骨となるネーミングを施します。ここまでできたら、似た者集団ごとにポストイットを特性要因図の中骨に貼り付けていくことで、特性要因図の原型が完成します。この特性要因図の原型を俯瞰して、要因の配置や内容を全体に整合することで特性要因図が完成します（図表 2.34）。実際の研修では、「現場の問題解決力が低い」ことをテーマとして、この特性要因図を完成させるまでの一連の作業を、5～6名程度のグループで1時間以内に完成させるように仕向けています。このような短時間であってもほどほどの内容に仕上がってきます。現場で働く人たちには特性要因図を作成することに対して、時間が掛かるとか、面倒臭いなどのアレルギー反応があります。でも、みんなで知恵を出し合えば、1時間という短時間でもほどほどのレベルまで完成させることができるという自信をつけさせることで、アレルギー反応を解消させるのです。受講者からは、「これくらいの時間で作成できるのなら、仕事のなかでやれそう

第２章　問題解決教育プログラムの整備

図表 2.33　系統図による幅広い観点から深掘りするなぜなぜ

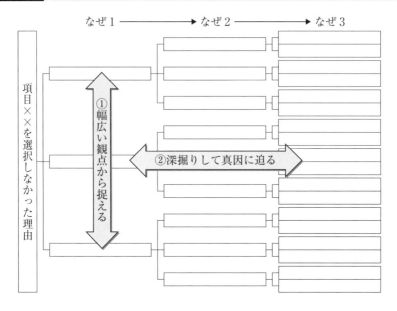

だ」といった声が実際に聞かれます。

　特性要因図を使って洗い出された要因の見える化ができたら、いよいよ真の原因の特定です。要因とは原因となる可能性をもっている状態に過ぎないので、原因として特定するには証拠立てが必要です。証拠立てとは、事実やデータをもとにして要因と結果との関係性を把握することで、要因の変化に伴って結果が変化するという関係性が見られたときに、その要因を結果に対する原因として特定することができます。このようにして特定された原因であるからこそ、その原因に対策を実施したときに、結果に変化が現れるような効果が出てくるのです。数多くの要因のなかから事実やデータをもとにして原因を特定していくことを、要因検証といいます。

　富士ゼロックスではかつてデミング賞を受審するために、QC教育が社内で盛んに行われていた時代がありました。この時代にQC教育を受講した経験があり、しかも今となっては職場の教育推進委員を務めている中堅社員のなかには、「特性要因図のなかから対策を実施する要因を特定するのは自らの経験で行っている」とか、「特性要因図は対策を実施した後に

2.2 教育要件に対応した教育コンテンツの検討

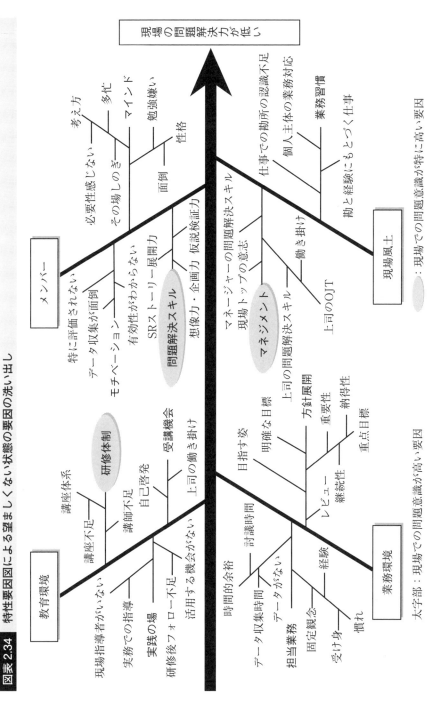

図表2.34 特性要因図による望ましくない状態の要因の洗い出し

理由づけとして作成している」などと言う人たちがいました。このようなことでは、特性要因図を作成しても形ばかりで、まったく意味がありません。しかし、これは筆者が聞き取れた氷山の一角に過ぎず、「対策を打っても効果が出ない」「二次障害が発生した」といったことが現場からよく聞こえてきており、今の現場の実態を如実に示しています。現場では特性要因図が形ばかりで、正しく活用されていないことがわかりました。

　せっかく苦労して作成した特性要因図を形だけに終わらせず、きちんと活用するためにも要因検証が必要不可欠です。実際の研修では、研修に先立って受講者全員の問題解決スキルを診断しておくことで、問題解決スキルが平均より高いか低いかによって、受講者を前もって2つのグループに層別しています（図表2.35）。そして、この層別された人たちが検証データとなるのです。特性要因図の中から着目した要因をピックアップして、その要因に関する質問を受講者全員に投げ掛けて、問題解決スキルが平均より高い人と低い人とで質問に対する回答に差異があるか否かを調べます。もし両者の回答に差異があれば、ピックアップした要因は問題解決スキルの高低に影響している、すなわち原因として特定できるのです。もし両者の回答に差異がなければ、ピックアップした要因は問題解決スキルの高低に影響していない、すなわち、原因として特定することはできません。このように要因検証を行うことで原因を特定でき、問題解決のターゲットを適確に定めることができるのです。要因検証を行わずに下手な鉄砲も数打ちゃ当たる式の取組みをしているようでは、労多くして益少なしどころが、労多くして損多しになってしまいます。

　要因ドン演習はとても地味な内容ですが、問題解決の中枢をなす考え方のなぜなぜについて、短時間で実践的に学べる教育コンテンツなのです。

【グループワーク実習】

　問題解決行動にもとづく問題解決力は、一人ひとりがもつべき仕事の基本といえる基盤スキルです。共通の目的を目指してさまざまな知見をもつ関係者が集まったときに、集団もしくは組織として発揮できなくてはなら

2.2 教育要件に対応した教育コンテンツの検討

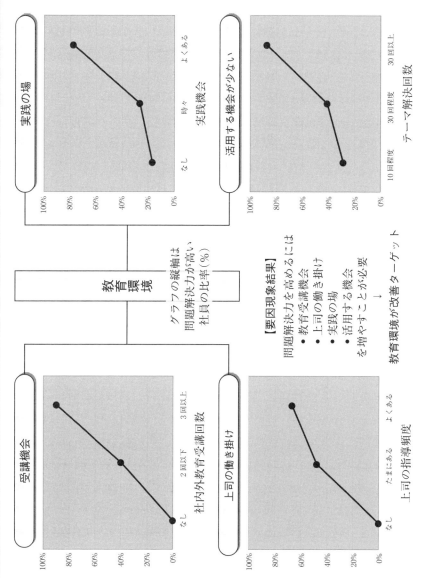

図表 2.35 要因検証による真の原因の特定

ないスキルなのです。なぜなら、企業における問題解決は、組織として取り組まなければならないからです。この組織として取り組まなければならないという点が重要なのであり、これがグループワークなのです。高い問題解決スキルをもつ人たちが集まったにもかかわらず、グループワークに上手く取り組めないことが仇となって、組織としての問題解決行動を上手く進捗させられずに問題解決に至らなかった事例を筆者は現場で見てきました。このことが理由となって、筆者は問題解決力を、現場の実務を通じて問題解決行動を実践するための行動特性として捉えており、このために必要なスキルの一つとしてグループワークスキルを盛り込んだのです。

グループワークに上手く取り組んで生産性が高いものにするためには、次の4つの要素が必要です(**図表 2.36**)。

- **コミュニケーション**：お互いにわかり合って共通の概念を形成すること
- **リーダーシップ**：成果創出へ向けて率先垂範し、人を動機づけること
- **想像力**：分析や推論を繰り返して個の要素から全体を再構築していく力
- **グループ討議**：多くの意見を出し合い、層別を通じて総意をまとめること

グループワークの典型的な場面として会議がありますが、次に挙げるような会議に遭遇した方もいるかと思います。

- 出席者が言いたい放題で意見の衝突ばかり⇒コミュニケーション不足
- 誰一人として全体をとりまとめようとしない⇒リーダーシップ不足
- だらだらと同じような議論を何度も繰り返しているだけ⇒想像力不足
- 一部の意見に偏った多様性がない議論に終始⇒グループ討議不足

このような状態ではいくら時間をかけても結論などはとても望めず、まさに生産性が低いグループワークそのものなのですが、このような会議が

あちらこちらで実際に行われているのを、筆者はこれまでの経験のなかで見てきました。会議というと、標準的なケースでは4～5人程度の出席者で1～2時間程度で行われると思いますが、全出席者の延べ時間で見ると平均的に一人の1日分の業務時間に匹敵していることがわかります。すなわち、一度無駄な会議を行ってしまうと、それは社員一人が一日中サボっているのと同じ損失を生むことになるのです。無駄な会議であっても周囲の人から批判的な目で見られるようなことはほとんどないと思いますが、一人の社員が一日中サボっていたらきっと大変な非難を受けることでしょう。

　生産性が高いグループワークを行うためには、4つの要素の各々について十分に理解している仲間同士でグループワークに取り組み、生産性が高いグループワークのあり方を実際に体験することが有効です。グループワーク実習では、4つの要素について学んだ後に、情報カードを用いた演習が用意されています。この演習は、各メンバーに配布された情報カードを使って、各メンバーが情報カードに記載された情報を、議論を通じてメンバー全員に共有していくことで、あらかじめ設定されている設問に関する正解を導き出すというものです。正解を導き出すまでに各チームで費やされる時間は、短いケースでは10分以下、長いケースでは20分以上などとチームごとに大きなばらつきが発生します。これによって、グループワークの上手下手が定量的に見える化できます。この結果を事実データとしてレビューを行うことで、グループワークの良かった点と悪かった点をチームごとに洗い出せるのです。この演習は2種類用意されていることから、洗い出された良かった点と悪かった点を踏まえて再チャレンジすることで、成長度合いを確認できるようになります。そして、それとともに生産性が高いグループワークのあり方を実感できるのです。

　グループワークの実習では教育効果を高めるために「利き脳」という、人の考え方の特徴的な傾向を示すデータを活用しています(図表2.37)。利き脳はハーマンモデルという理論をもとにして考え出されたもので、簡易診断によって簡単に把握することができます。そして、この利き脳診断に

第2章 問題解決教育プログラムの整備

図表 2.36　生産性が高いグループワークを行うために必要な要素

コミュニケーションとは、
「相互理解するために情報を伝え合い、意味や考えを想像していく能力」
コミュケーション能力とはメッセージの伝達や解釈や意味の交渉ができる能力
↓
コミュニケーションとはラテン語の分かち合うという言葉からから由来した概念

まずは自分の考えをもつこと	そして自分の考えを伝えること
共通の話題や相手の意見に対して、相手に伝えるべき自分として考え方や答えをしっかりもつこと	考えや意見を伝え合うとともに、話し合いを通じて新しい意味や考えをお互いに生み出すこと
【思考内容の正当性】 ・データにもとづいている ・公知の事実や認識に立脚している ・筋道が立っていて論理的である ↓ ベースになるのは問題解決力	【相手を喜ばす言葉の類】 ・相手本位、気遣い・気配り、肯定 【相手に嫌われる言葉の類】 ・自分本位、指示・命令、否定 【意思の疎通に関する寄与度】 ・態度：55%、声・言葉：45%

（コミュニケーション）

想像力とは、
「物事に関する全体としての関連性(像)をわかろう(想)とする能力(力)」
わかるとは分けるを意味し、これ以上できないレベルにまで分解すること
↓
想像するということは物事を分解して全体像がわかるように再構築する考え方

帰納法的な考え方(事実ベース)	演繹法的な考え方(推論ベース)
個々の事柄のなかから共通点や特徴を見出し、これらを総合的に検討することによって一般的な原理や法則を導き出すこと(左脳の思考)	一般的に既知または公知となっている原理や法則にもとづいて、未知な事柄を経験にたよらずに必然的もしくは論理的な結論として導き出すために推論すること(右脳の思考)
↓	↓
データ分析にもとづく層別や分類	仮説立案にもとづくデータ検証

（想像力）

← 事実と推論の繰返しによるアプローチ →

2.2 教育要件に対応した教育コンテンツの検討

```
        リーダーシップとは、
「ある一定の目的へ向けて人々に影響を与え、その実現に導くための行為」
              ↓
     モチベーション・リーダーシップ・スキル
```

求められることはビジョンの実現
① 戦略立案・策定
  ⇒ 効果的な戦略を立案して策定できる
② 目標設定
  ⇒ 戦略実現へ向けた目標が設定できる
③ 成果創出
  ⇒ 人を動機づけして成果を創出できる

克服しなければならない5つの葛藤
① 効率 vs 感情（目指す成果の観点）
  ⇒ 効率の追求と個人感情への配慮
② 受容 vs 支配（外部環境の観点）
  ⇒ 受け入れる姿勢と切り捨てる英断
③ 分化 vs 統合（組織管理の観点）
  ⇒ 個人の専門化と組織の全体整合
④ 短期 vs 長期（取組み時間の観点）
  ⇒ 既存事業の変革と新規事業の開拓
⑤ 論理 vs 感覚（判断基準の観点）
  ⇒ 論理での納得性と感覚での独自性

（リーダーシップ）

想像的なグループ討議の進め方

メンバーからの意見の出し方

【ブレーンストーミング】
メンバー全員からとにかくたくさんの意見を出してもらうときの進め方です。
進め方のルールは3つあります。
① 自由奔放
  ⇒ 思いついた意見を何でも出す
② 批判禁止
  ⇒ 出された意見を批判しない
③ 相乗り歓迎
  ⇒ 人の意見に便乗して意見を出す
ポストイットなどに事前に意見を書き出しておいて、1件ずつ順々に発表していくようにすると意見が出やすくなります。

出した意見のまとめ方

【KJ法】
ブレーンストーミングなどで出し合った多くの意見をまとめるときの進め方です。
① 意見の集約
  ⇒ 似た意見を集めて集団をつくる
② 集団ラベルの作成
  ⇒ 各集団に相応しい表現を使う
③ 各集団内での意見関連性の明確化
  ⇒ 各集団内の各意見を関連づける
④ 集団関連性の明確化
  ⇒ 各集団の内容を見て関連づける
必要に応じてQC手法である連関図や特性要因図を使うとわかりやすくなります。

（グループ討議）

よって、人を4種類の領域に分類することができるようになるのです。この4種類の領域には、頭の中でものごとを考えるときの傾向に、次のような違いがあります。

- **A領域⇒問題解決型**：分析的・論理的で事実をもとに理屈が先行する。
- **B領域⇒計画者**：管理的・組織的で木目が細かくきちんとしている。
- **C領域⇒社交家**：対人的・感情的で人とのかかわりを大切する。
- **D領域⇒理想家**：概念的・総合的で抽象化思考に富んでいる。

こうして、利き脳診断によって把握した受講者の利き脳領域にもとづき、各チームにできるだけいろいろな利き脳の人たちが混ざるように、研修開始前にチーム編成しておきます。これより、各チーム内ではさまざまな観点からの意見が飛び交い、議論を通じてより高い創造知が生まれるように

図表2.37　相互理解と相互触発に役立つ利き脳

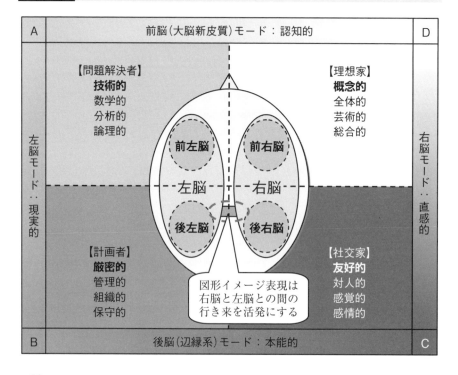

なるのです。しかも、この議論を通じて導き出された結論には、人が考えるすべての領域の考えが盛り込まれており、すべての人たちから満足が得られるような結論により近づいていると考えられるのです。

さらに、利き脳を理解できるとコミュニケーションの本質が理解できるようになります。人は、自分の利き脳の領域での考え方を第一優先としてものごとを考える傾向がある反面、他の領域でものごとを考えることに疎くなる傾向にあるのです。このような状態で、A領域に属する人とC領域に属する人がお互いの意見を主張し合ったら、意見が衝突してとても相容れることにはならないと思います。日常の会議や打合せの際に見られる意見の衝突は、こうしたことに起因していると考えることができます。

ところが、A領域に属する人が自分はA領域以外の考え方に疎いということが理解できるようになると、C領域に属する人は自分の考えが及ばない異なる視点からものごとを考えることができていて、その考え方にもとづく意見を自分に提示してくれていると考えられるようになります。こうなると、A領域に属する人でもC領域に属する人の意見を受け止めることができるようになり、A領域とC領域の双方の視点の意見が頭の中で融合されるようになるのです。このことが、議論を通じて利き脳のすべての組合せで起きるようになってくると、相互理解を通じた触発が起き始め、より高いレベルの創造知が生まれます。このように、利き脳の考え方を導入することにより、コミュニケーションが活性化されるのです。

グループワークを生産性が高いものにするための4つの要素のなかでも、特に重要で影響度が高い要素は、人と人とがわかり合うためのコミュニケーションです。コミュニケーションをディベートと勘違いしている人がいます。コミュニケーションとディベートの大きな違いは、コミュニケーションにはあって、ディベートにはない、わかり合うという観点です。わかり合うとは、自分の考えを相手に伝える一方で、相手の考えを前向きに受け止める、という考え方のキャッチボールを行うことなのです。さらに、考え方のキャッチボールを上手く行うためには、相手の考えを前向きに受け止める姿勢が大切であり、これがより良いコミュニケーションを行うた

第2章　問題解決教育プログラムの整備

めの秘訣なのです。

そして、相手の考えを前向きに受け止めるという姿勢が、以下のような4つの姿勢で成り立っているポジティブ・リスニング、すなわち心を開いてもらう聴き方です(図表2.38)。

- クエスチョン・リスニング：問い掛けながら聴く
- リターン・リスニング：気持ち良く聴く
- ボディ・リスニング：体で聴く
- ハート・リスニング：心で聴く

「きく」という漢字が、聞くではなく聴くになっています。聞くという漢字は、門構えの中に耳が位置していますが、門の向こう側にいて耳で聞いている状態を示しています。英語では hear であり、耳に入ってくるものを聞いている状態で、積極的に受け止めようとする姿勢を感じとれません。一方、聴くという漢字は、耳と目と心で構成されていて、耳だけでなく目や心でも聴いている状態を示しています。英語では listen であり、

図表 2.38　人の話を良く聴くためのポジティブ・リスニング

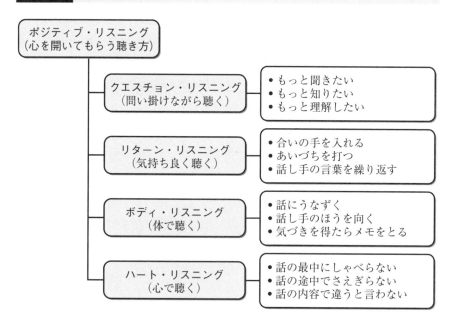

耳や目、心を使って一生懸命に聴こうとしている状態で、積極的に受け止めようとする姿勢を感じとれます。こうした聴き方により、話し手が気持ち良くなってもっと話したいと思う状態になると、話し手から多くの情報を受け止めることができるようになります。

　コミュニケーションは、問題解決行動を実践する際に関係者を巻き込むために必要不可欠なものですが、特にその真価が問われる場面が問題意識を共有するときです。問題意識は問題解決行動の出発点といえますが、この時点で自分の問題意識をどの程度まで関係者と共有できて、更にはどの程度まで関係者の問題意識と融合させることができるのか、といったことが大切なポイントとなるのです。これが上手く進められると、多くの関係者を巻き込むことができるようになり、この後の展開がとても順調に進捗するようになります。

　このためには、何よりもまず始めに、自分の問題意識を関係者へ共有できるように見える化しておくことが必要です。このときに役立つものが、問題解決フレームワークです。問題解決フレームワークを活用して、自分の問題意識をわかりやすく整理した内容で、紙一枚にまとめます。補足資料として、特性要因図や現状分析結果などがあってもよいと思いますが、この時点では少ない資料でわかりやすくしておかないと、関係者から良い食い付きを得られません。そして、この次の段階で、自分を含めた関係者間での問題意識の共有や融合が始まりますが、このとき自分の考えを相手に伝える一方で、相手の考えを前向きに受け止める、という考えをわかり合うためのコミュニケーションが必要となるのです。コミュニケーションが上手く進められると、関係者の想像力が高まり、お互いに考えていることが一つの概念としてまとまってくるのです（図表2.39）。

　ここで大切なことは、以下のように周りの空気を読みながら、常に自分の立ち位置を意識して立ち振る舞うことです。

- アンノウン：誰も知らない
- ブラインド：自分だけが知らない
- プライベート：自分だけが知っている

第2章 問題解決教育プログラムの整備

図表2.39 想像力を高めるためのポイント

ポイント①：アイデアを生み出す源となる問題意識をどのように表面化させるのか

問題意識は問題への感度であり、「このままでいいのだろうか」「何かもっと上手い方法がないだろうか」「もっと良いものがないだろうか」といったように、現状に対して問題を感じることです。
この問題への感度は期待値や基準が明確になっているほど高くなるため、例えばトップが目指していること、組織として取り組もうとしていることなどがメンバーに共有されているほど問題意識は高まりやすくなります。報告・連絡・相談、いわゆる報連相はメンバーが得た情報を組織全体で共有し、問題意識を表面化するために必要不可欠な日常行動です。

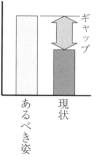

ポイント②：問題意識から導いたアイデアをどのように形にまとめるのか

「2人の意見がいつも一致するならそのうち1人は必要がない人間だ」くらいの気持ちをもって、以下の5つのポイントを踏まえて各自の問題意識をぶつけ合うことが必要です。
- 第一は、実現しなくてはいけない期待値を共有していること
- 第二は、メンバー全員がアイデア形成プロセスに参画すること
- 第三は、各々が異質な発想をぶつけ合い、アイデアを出し合うこと
- 第四は、全員でキャッチボールを重ねてアイデアを進化させること
- 第五は、各自の頭の中でアイデアを、継続・発展・進化させること

パブリック	ブラインド
自己<u>知</u>領域 vs 他人<u>知</u>領域	自己<u>不知</u>領域 vs 他人<u>知</u>領域
プライベート	アンノウン
自己<u>知</u>領域 vs 他人<u>不知</u>領域	自己<u>不知</u>領域 vs 他人<u>不知</u>領域

- **パブリック**：全員が知っている

わかり合うということは、パブリックという全員が知っている状態のことです。この状態を実現するために今の自分は、ブラインドという自分だけが知らない状態にいるのか、プライベートという自分だけが知っている状態にいるのか、ということを常に考えながらコミュニケーションを行うのです。今の自分がブラインドであったら、知っている人の話をよく聞く立場、すなわち良き聞き手の立場として振る舞う必要があります。今の自分がプライベートであったら、知っている自分の話を上手く話す立場、すなわち良き話し手の立場として振る舞う必要があります。このように、自分の立ち位置をわきまえて、良き聞き手と良き話し手の一人二役を適切に

演じ分けていくことが必要であり、演じ分けを上手くできる人が良きコミュニケーターなのです。

グループワーク実習では、こうしたコミュニケーションについての考え方をよく理解したうえで、演習を通じて実践しながら勘所を学んでいけるようになっています。この演習をインターンシップ研修で受講したある学生は、次のように語っていました。

「自分は大学でさまざまなグループ討議に参加してきたが、どれも話をあげつらうばかりのネガティブな議論に終始していて、少しも楽しいとか、ためになると思ったことはなかった。ところが、この研修を受講してコミュニケーションについて学んだ人たちと議論していると、とても楽しく議論が弾んで、面白いようにアイデアが出てくることを体験できた」

このように、グループワークに上手く取り組めるか否かが、問題解決行動の出来栄えに大きく影響します。ところが、グループワークに関するスキルを問題解決力として捉えることは、これまでまったく考えられていませんでした。旧態依然とした考え方で問題解決力を捉えている人たちには、しかも特に問題解決の現場経験が深いと自負している人たちには、わが意に反して違和感すらもたれることもありました。しかし、筆者は自らの経験を踏まえて、このことが問題解決教育を実施しても現場の実務での実践につながらない元凶であると考え、グループワークに関するスキルを、問題解決力を構成するとても大事なスキルの一つとしたのです。

◆問題解決行動を実体験するための教育コンテンツ

問題解決行動の基本的な流れを学ぶための教育コンテンツと、問題解決行動の主要な要素を学ぶための教育コンテンツで、問題解決行動に関する5つの勘所を学んだ後は、学んだことを「わかる」というレベルから「できる」というレベルへ、一気に引き上げていくことが必要です。もし、現場に正しい問題解決行動を実践できる人たちがたくさん存在していて、実務を通じて良き先輩社員から未熟な後輩社員へ知見が語り継がれていくような現場風土ができていれば、現場が人を育ててくれるので、これ以上の

第 2 章　問題解決教育プログラムの整備

教育は特に必要がないと思います。

ところが、富士ゼロックスもそうであったように、問題解決という観点から現場が人を育ててくれる状態にある企業は、数多くの企業と交流してきた経験にもとづいていえば、ほとんど存在しないのではないかと思います。このような理由から、問題解決行動そのものを実際に体験するための一連の教育コンテンツを、企画開発するに至ったのです。そして、以下のような教育コンテンツを通じて学んだことを現場の実務のなかで同じように行えばよい、という形にしました。

- **紙結び製作実習**：データにもとづいて原因を特定する要因検証を体験する（図表 2.40）。
- **レゴロゴ製作実習**：業務プロセス改善の場面での問題解決を体験する。
- **紙ブーメラン製作実習**：パラメータ設計の場面での問題解決を体験

図表 2.40　紙結び製作実習の全体イメージ

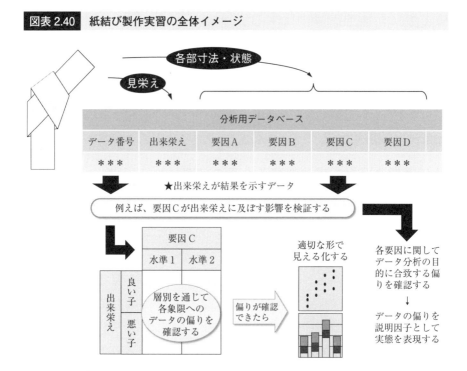

2.2 教育要件に対応した教育コンテンツの検討

する。
- **ストロー橋製作実習**：強度構造設計の場面での問題解決を体験する。

上記の教育コンテンツはどれも専門知識を必要としないことから、基本的には誰でも受講できます。ただし、紙ブーメラン製作実習とストロー橋製作実習については技術系向けといえるかも知れません。また、ストロー橋製作実習とレゴロゴ製作実習については、数字の取り扱いが苦手な営業・スタッフ系向けといえます。

また、レゴロゴ製作実習、紙ブーメラン製作実習、ストロー橋製作実習の3種類の実習については、以下のような問題解決の観点が設定されています（図表2.41）。

- レゴロゴ製作実習⇒より安く・より売れる。
- 紙ブーメラン製作実習⇒正確に飛び・確実に戻る。
- ストロー橋製作実習⇒より強く。より軽い。

図表2.41 ものづくり製作実習の全体イメージ

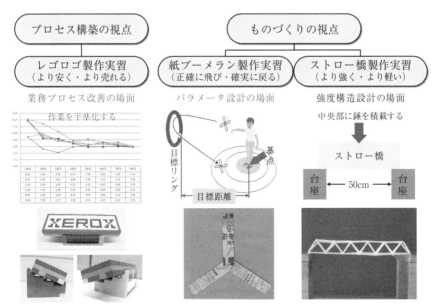

ものづくり製作実習を通して開発生産の現場実務を研修所内で模擬体験する

この観点にもとづいて目指す成果物をグループワークでつくり上げて、この観点を評価基準として成果物の出来栄えをチーム間で競い合うのです。このため、次の進め方が実習の基本型になっています。

- 第1ステップ：チームとしての取組み方の構想を検討する。
- 第2ステップ：構想にもとづいて1回目の成果物製作活動に取り組む。
- 第3ステップ：1回目の成果物の出来栄えを競技会で確認して競い合う。
- 第4ステップ：1回目の成果物製作活動を振り返ってレビューする。
- 第5ステップ：2回目成果物製作活動へ向けての取組み方を検討する。
- 第6ステップ：検討にもとづいて2回目の成果物製作活動に取り組む。
- 第7ステップ：2回目の成果物の出来栄えを競技会で確認して競い合う。
- 第8ステップ：2回目の成果物製作活動を振り返ってレビューする。
- 第9ステップ：活動全体の経緯を報告書にまとめて全体で共有する。

1から4までのステップと、5から8までのステップで、ほぼ同じ取組みを2回繰り返すことで、より出来栄えが良い成果物の実現へ向けた問題解決行動を実体験できます。さらに、この体験によって頭で学んだことをできる限り実践することで、頭で学んだことを実際に行うことの難しさや、その難しさを克服して実務で実践するための勘所を、レビューでのチーム討議を通じて体で学んでいくのです。こうして研修で学んだことを現場の実務で実践できるようになります。

【紙結び製作実習】

この実習で目指す成果物は紙でつくった結びですが、神社でおみくじを木の枝に結び付けるときにつくる結びと同じものを、普通の紙でつくります（図表2.42）。この実習に関する基本的な進め方は、次のとおりです。

2.2 教育要件に対応した教育コンテンツの検討

- 第1ステップ：何の意識もしないで言われたとおりに紙結びをつくる。
- 第2ステップ：つくった紙結びの出来栄えの良し悪しを見た目で層別する。
- 第3ステップ：紙結びの概観形状から計測可能なパラメータを抽出する。
- 第4ステップ：抽出したパラメータをもとにして全数計測を実施する。
- 第5ステップ：各紙結びの出来栄えの良し悪しと計測データを比較する。
- 第6ステップ：出来栄えの良し悪しと関係があるパラメータを特定する。
- 第7ステップ：特定したパラメータのばらつきを抑える方策を検討する。
- 第8ステップ：検討した方策に則って改めて紙結びをつくる。
- 第9ステップ：紙結びの出来栄えとパラメータの改善度合いを確認する。

このようにして、まずは結果の悪さを明確にして、その結果の悪さを説明するために必要なデータを収集して、その収集したデータをもとにして結果の悪さを引き起こしているパラメータを特定していくのです。これは要因検証そのものです。

この演習のポイントの一つは、「現状をどのようなデータで表現するのか」です。定性的な考え方に慣れ親しんでしまっている人たちは、こちらの紙結びは見た目が良い、そちらの紙結びは見た目が悪い、といったレベルの表現で満足しがちです。しかし、見た目が良いというのは何がどうなっていることなのか、という理由を考えなければなりません。しかも、それが誰にでも測定可能で再現可能なレベルでわかっていないと、見た目が悪いものを見た目が良い形にすることができないのです。このためには、さまざまな観点から見ることにより、紙結びからできるだけ多くのデータ

第2章 問題解決教育プログラムの整備

図表 2.42 紙結び製作実習の内容

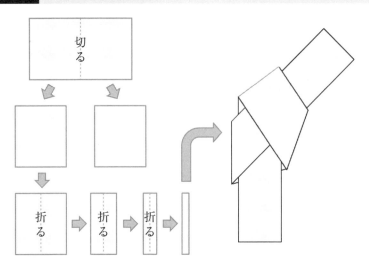

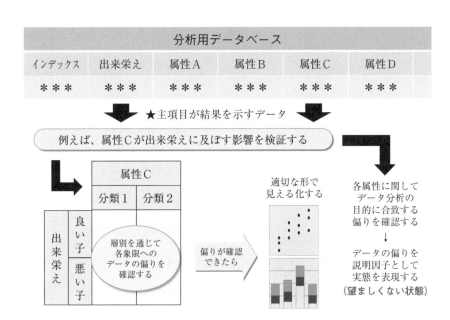

2.2 教育要件に対応した教育コンテンツの検討

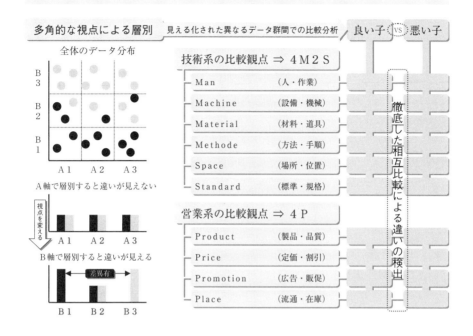

作業手順書

① 15cm の所に折り目をつける。

② 定規をあて、カッターでささくれができないように切る。

③ 両端を揃え、卓上で 7.5cm に折る。

④ さらに半分に折る。もう一度 3.25cm に折るが、そのときの注意点として厚みが出てしまうので厚みの分をある程度頭に入れて甘く折る。

強く折ってしまうと、紙が広がってしまう。

⑤ 折り目が左に来るように、7cm の所から 7.5cm の所にお互いを結ぶ線を引き、その線に沿って紙の先端を持ち、手前(右)に 145 度の角度で折る。

⑥ 手前の紙 4cm の所に、手順 5 で折った紙を 20 度になるように手前から後ろを通して左に折る。

⑦ 左側の側面を基準にし左にある紙を右の手順⑤⑥でつくった輪の中に差し込む。

を引き出すようにしなければなりません。

この演習のもう一つのポイントは、「紙結びから多くのデータが引き出せたら、見た目が良い理由を自分の言葉で語るのではなく、データに語らせる」ことです。すなわち、見た目の良し悪しと収集したデータとの関係性を、グラフや一覧表などを活用して見える化することで、強い関係性をもつデータをあぶり出し、誰が見ても明確になるようにします。このように見える化した結論を用意できていれば、もめにもめる意思決定に関する議論もスムーズに進み、簡単に一件落着という運びになるのです。

紙結び製作実習では、データにもとづいて考え行動するという体験を通じて、問題解決行動のなかの重要な節目で行われる意思決定を、データにもとづいて間違いがない確実なやり方で取り組むための勘所が学べます。

【レゴロゴ製作実習】

この実習で目指す成果物はレゴブロックでつくった企業ロゴですが、研修の目的に応じて、自社の企業ロゴであったり、あるイベントのコンセプトイメージであったり、さまざまなパターンを設定することができます。富士ゼロックスでの新人研修やインターンシップ研修では、富士ゼロックスの企業ロゴを成果物として設定しています。こうすると、映画などでの活用でよく知られているサブリミナル効果によって、会社への愛着心や愛社精神の醸成に役立つことが確認されています。

この実習の目的は、レゴを材料にして「より安く・より売れる」ロゴを製作することですが、基本的な進め方は以下のとおりです（**図表2.43**）。

- 第1ステップ：チームごとに目指す成果物のデザインをイメージする。
- 第2ステップ：成果物をつくり上げていくための業務プロセスを企画する。
- 第3ステップ：1サイクル作業を繰り返しながらプロセス改善を図る。
- 第4ステップ：プロセスの出来栄えを第一次競技会で確認して競い

合う。
- 第5ステップ：競技会での結果をもとにして節目でのレビューを実施する。
- 第6ステップ：1サイクル作業を繰り返しながらプロセス改善を図る。
- 第7ステップ：プロセスの出来栄えを第二次競技会で確認して競い合う。
- 第8ステップ：競技会での結果をもとにして節目でのレビューを実施する。
- 第9ステップ：活動の経緯を活動経緯報告書にまとめて全体共有する。

このようにして、作業のばらつきに着目しながら作業の効率化や平準化に取り組むことで、日常よく行われている業務プロセス改善を通じ、業務の生産性向上に取り組むことができます。

この演習のポイントの一つは、作業時間というデータを測定することで、各メンバー間での作業のばらつきを確認しながら業務プロセス改善の効果を逐次ミニレビューしていくことです。日常業務や日常生活のなかでデータを収集することは意外と難しいことなのですが、データを拠り所にして問題解決に取り組むことの大切さを学ぶことができます。ダイエットに失敗する理由の一つは体重計に乗らないことだそうです。体重計に乗ることで自分の現状を体重というデータで確認して見える化していかないことには、やはり問題解決にはなり得ないのだと思います。

この演習のもう一つのポイントは、まさにグループワークです。目指す成果物をより安く・より売れる形でチーム一丸となってつくり上げていく過程で、メンバー一人ひとりが全体のなかで自分がどうあるべきなのかを考えるとともに、各メンバーがお互いに知恵を出し合いながら一つの業務プロセスに知恵を結集していくという、まさに秒単位の改善へ向けてのグループワークに取り組むのです。このグループワークを効果的かつ効率的に進めていくためのキーワードがパブリックな状態の実現であり、このた

第2章 問題解決教育プログラムの整備

図表 2.43 レゴロゴ製作実習の内容

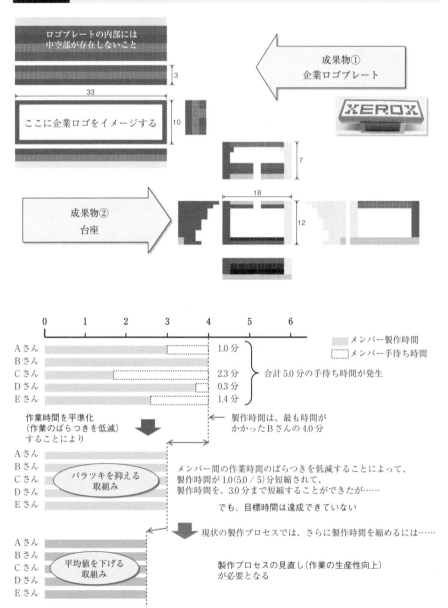

2.2 教育要件に対応した教育コンテンツの検討

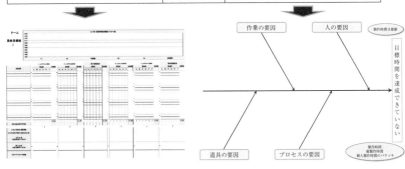

めに各メンバーが良き聞き手と良き話し手の一人二役をどれだけ上手く演じられるのかがポイントになります。

　レゴロゴ製作実習では、チーム成果の獲得へ向けてメンバー一人ひとりがどのように貢献していくのかという、今求められている問題解決の狙いそのものである取組みを体験できるのです。

【紙ブーメラン製作実習】

　この実習で目指す成果物は紙でつくったブーメランですが、この実習でつくるものは、よく目にするポピュラーなくの字型をした二枚羽のブーメランではなく、三枚羽もしくは四枚羽のブーメランです。このブーメランに求められる飛行性能は、3m先に天井から吊り下げられた直径80cmの輪を飛んで・通過して・手元に戻ってくるという曲芸的なものです。

　この実習の目的は、紙を材料にして「正確に飛び・確実に戻る」ブーメランを製作することですが、基本的な進め方は以下のとおりです。

- 第1ステップ：サンプルブーメランで挙動把握のための確認実験を行う。
- 第2ステップ：飛行性能を把握するための紙ブーメランを複数つくる。
- 第3ステップ：紙ブーメランの飛行性能とパラメータの関係を把握する（ここでのパラメータとは寸法や形状のこと）。
- 第4ステップ：推奨紙ブーメランの出来栄えを第一次競技会で競い合う。
- 第5ステップ：第一次競技会での結果をもとにしてレビューを実施する。
- 第6ステップ：飛行性能を改善するための紙ブーメランを複数つくる。
- 第7ステップ：紙ブーメランの飛行性能とパラメータの関係を把握する。
- 第8ステップ：推奨紙ブーメランの出来栄えを第二次競技会で競い

合う。
- 第 9 ステップ：第二次競技会での結果をもとにしてレビューを実施する。
- 第 10 ステップ：活動の経緯を活動経緯報告書にまとめて全体共有する。

こうして製作した紙ブーメランのパラメータと飛行性能との関係性を確認しながら、目指す飛行性能を実現するための問題解決に取り組むことで、最終的なパラメータを決定していくのです。これは、ものづくりにおけるパラメータ設計という現場での実務を想定していることから、紙ブーメラン製作実習ではこのパラメータ設計段階での問題解決行動を実体験できるのです(図表 2.44)。

この演習のポイントの一つは、紙ブーメランを飛ばしたときの飛行特性をどのようなデータで表現するのか、そのためにはどのような測定方法でデータを採取するのか、ということです。飛行特性は、紙ブーメランの出来栄えを把握するためのとても重要な特性値です。この飛行特性を表現するデータの適切さと測定方法の正確さが、紙ブーメランの出来栄えの明暗を分けることになるのです。紙ブーメランの飛行は、「前方に飛んで」「輪をくぐって」「手元に戻る」という 3 要素で成り立っています。この各々の要素がどの程度まで達成できているのか、更にはそのときにどのような軌跡を描いて飛行したのか、といったように、飛行特性はさまざまな観点から把握することができるのです。そこで、この飛行特性をどこまで適確に、そしてどこまで精度良く測定できるのか、ということを丹念に検討することが必要となります。

この演習のもう一つのポイントは、結果の出来栄えに、ものの要素だけでなく人の要素が絡んでくるということです。パラメータの設定が完璧で性能が良い紙ブーメランができあがったとしても、投げる人の投げ方によって飛行性能が大きく変わってしまうのです。投げ方という人の要素をいかにしてコントロールするのかという、いわゆる人のばらつきに対する問題解決が必要となります。ものの要素と人の要素を上手く切り分けられ

第2章 問題解決教育プログラムの整備

図表2.44 紙ブーメラン製作実習の内容

紙ブーメランの競技ルール

①性能競技ルール

★自作品ブーメランの飛行性能
- 【旋回性】投げたブーメランが飛行して、
  - 3点 ⇒ 基点の位置から動かずにキャッチできた場合
  - 2点 ⇒ 基点の位置から動かずに手で触れられた場合
  - 1点 ⇒ 基点から半径1m以内に中心部分が落下した場合
  - 0点 ⇒ 基点から半径1m以内に中心部分が落下しなかった場合
- 【飛行性】
  - 3点 ⇒ 投げたブーメランが目標距離（3m）以上まで飛行した場合
- 【正確性】
  - 3点 ⇒ 投げたブーメランが目標リング内を通過した場合
- 【旋回性】【飛行性】【正確性】すべてが3点の場合、ボーナス得点として1点を加算する
- 投げたブーメランが天井や壁にぶつかった場合、その時点で着地したものとみなす。
- 各チームとも代表者1人が10回投げるものとする。
  ただし、投てき者の選択は各チームに一任する。
- 注）競技チームの得点は、指名された審判チームが責任をもって判断する。

②外観性競技ルール

★他作品ブーメランの見栄え（デザイン性並びに外観など）
- 5点 ⇒ すべてのブーメランの中で最も見栄えが良い
- 3点 ⇒ すべてのブーメランの中で二番目に見栄えが良い
- 1点 ⇒ すべてのブーメランの中で三番目に見栄えが良い
- の順で他作品の上位3作品に順位づけを実施する。
- 注）デザインは、色鉛筆を用いてブーメランに直接描くものとし、他のものを貼り付けたり、色鉛筆以外のもので描くなどの行為は禁止とする。

評価結果の分析による最適設計値の検討

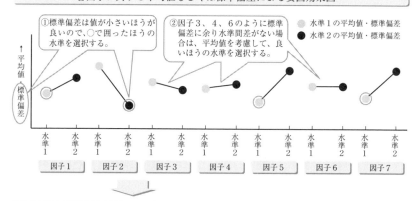

2.2 教育要件に対応した教育コンテンツの検討

飛行データ計測時の留意点

●飛行データ計測特性値の一例
- 飛び方 ⇒ ①飛行距離、②飛行高さ、③Uターン現象有無
- 戻り方 ⇒ ④落下位置の水平角度、⑤落下位置の距離

●飛行データ計測時の留意点
第一試作時
 ブーメランが物体にぶつからないで10回分のデータが採れるまでデータを採る。
 （物体にぶつかった場合はデータを再採取する）
 どういう投げ方をすればより物体にぶつかり難いかを見極める。
第二試作時
 ブーメランが物体にぶつからないで10回分のデータが採れるまでデータを採る。
 10回投げて物体にぶつからないで飛行した確率を把握する。
 どういう投げ方をすればより物体にぶつかり難いかを見極める。

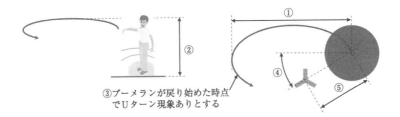

③ブーメランが戻り始めた時点でUターン現象ありとする

ブーメランの取扱説明書

持ち方

指の位置
　親指と人差し指の第一関節で挟むように持ちましょう。

ブーメランの向き
　図のように、持った羽の曲線部分が手前に来るように持ちましょう。

投げ方

投げる方向
　投げる方向は、リングに対して45度〜60度の方向へ投げましょう。

投げ方
　図のように、ひじを前に固定したまま、腕を伸ばすように投げましょう。

仰角
　水平よりほんの少し上を狙って投げましょう。

ないと、人にかかわる問題であるにもかかわらず、せっかく良い状態で設定できたパラメータをいじくり回してしまって、何が何だかわからなくなり迷宮状態に陥ってしまうことがよく見られます。

　この演習の更なるポイントは、紙ブーメランの素材が文字通り紙であることです。紙は変化しないと考えがちですが、紙ブーメランを飛ばしていると、床への落下や壁への衝突などで、そのたびに紙ブーメランはさまざまな衝撃を受けます。紙ブーメランの素材である紙は柔らかくて弱いので、投げているうちに徐々に変形してきて、やがて飛行性能に影響が出てくるのです。また、紙には吸湿性があるので、飛行性能を得るために紙ブーメランの羽に微妙な変形などを加えている場合、気温や天候の変化によって湿度が変化してくると、羽に与えた変形に変化が起きることにより、飛行性能に影響が出てきます。さらに、紙には縦目と横目という紙を漉くときに生じる繊維の方向性があり、この方向性によって羽の剛性が変化するので、これも飛行性能に影響します。このように紙という素材を理解しながら、安定性が高い紙ブーメランをつくらなくてはなりません。

　紙ブーメラン製作実習では、成果物をただ単につくれば良いという単純な問題解決ではなく、人のばらつきや紙の特性変化のように、コントロールすることが難しい要素に対する問題解決という、現場感覚にとても近い高度な取組みを体験できるのです。

【ストロー橋製作実習】

　この実習で目指す成果物はストローでつくった橋ですが、この実習でつくるものは、中央部に集中荷重を作用させたときにより高い荷重に耐えられる橋です。製作するための材料は市販のストローだけで、接着剤やセロテープなどのストローを締結するための材料は一切使いません。また、ストローを加工するための工具類ははさみやカッターなどの通常の文房具類を使用しており、ストロー橋に関する検討や製作においても技術的な専門知識を特に必要としないことから、ストロー橋製作実習は誰でも体験することができます。男女共学の中学校において、3年生の技術家庭科の標準

カリキュラムとして取り入れられ、実際に授業で活用されている事例もあるほどです。

この実習の目的は、ストローを材料にして「より強く・より軽い」橋を製作することですが、基本的な進め方は次のとおりです（図表 2.45）。

- 第1ステップ：橋の壊れ方を予測しながら壊れ難い橋の構造を考える。
- 第2ステップ：考えた橋の構造を踏まえて橋をつくる。
- 第3ステップ：完成した橋の出来栄えを第一次競技会で競い合う。
- 第4ステップ：第一次競技会での結果をもとにしてレビューを実施する。
- 第5ステップ：強度や構造を改善するための橋をつくる。
- 第6ステップ：完成した橋の出来栄えを第二次競技会で競い合う。
- 第7ステップ：第二次競技会での結果をもとにしてレビューを実施する。
- 第8ステップ：活動の経緯を活動経緯報告書にまとめて全体共有する。

このようにして、ストロー橋の壊れ方をつくる前とつくった後でしっかり確認しながら、目指す強度を保ったストロー橋を実現するための問題解決に取り組み、最終的な構造を決定していくのです。これは、ものづくりにおける強度構造設計という現場での実務を想定していることから、ストロー橋製作実習ではこの強度構造設計段階での問題解決行動を実体験することができます。

この演習のポイントの一つは、橋を実際につくる前の段階や、橋を実際につくった後の段階で、橋の壊れ方をしっかり把握することです。橋を実際につくる前の段階では、FMEAという手法を活用して、ストロー橋の中央部に荷重を作用させたら一体どのような状態が発生するのか、ということをメンバー全員で高い問題意識と想像力を働かせながら予測し、その予測にもとづいてしかるべき対応策をしっかりと議論するのです。そして、しかるべき対応策を盛り込んだストロー橋のあるべき構造を、メンバー全

図表 2.45　ストロー橋製作実習の内容

ストロー橋の競技ルール

①性能競技ルール

中央部に錘を積載(ぶら下げ)する

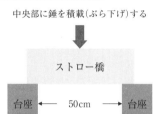

★自作品ストロー橋が破壊するときの積載荷重

0点 ⇒ 台座上で橋が原型を自己保持できない
　　　　(台座上で自立静止できる状態にあること)
記録 ⇒ 錘を積載した後に破壊せずに保持できた荷重
　　　　(荷重は錘によって段階的に増加させる)
判定 ⇒ 錘を積載した時に橋が物理的な破損が発生した場合を破壊とみなす。

※) 測定中に橋に手を触れたらその場で失格とする。

②商品性競技ルール

★ストロー橋の購入動機(外観ならびにポップ広告など)
　もっとも購入したいものを一つ選択

設計懸念点の予測による設計改善点の検討

【FMEAによる設計品質つくり込み】

　FMEAとは Failure Mode and Effects Analysis の略で、潜在している設計懸念を事前に予測することにより、設計懸念が顕在化する前に設計内容を事前改善しておくことを効果的に行うための手法のことです。

【FMEAの進め方】

部品／部位	故障モード	原因	システムへの影響	致命度	設計改善内容
故障発生が懸念される対象	対象に発生する故障現象	故障現象を引き起こす設計問題点	商品の性能上に現れる問題現象	懸念の深刻さ	設計問題点に対する改善内容
↓	↓	↓	↓	↓	↓
ストロー橋を構成しているストロー／橋の部位	ストローの変形・折れ・切断など	ストローの形状不良・強度不足・オーバーストレスなど	ストロー橋の基本的な破壊モードなど	発生可能性と影響の大きさ	ストローの形状変更・材料変更など

設計懸念の現実性検証 ⇒ 設計変更の必要性検討

2.2 教育要件に対応した教育コンテンツの検討

ストロー橋の基本的な破壊モード

【アーチ橋を例にした基本的な破壊モード】
　中央部に荷重が作用することにより、橋全体を下方向に曲げようとする力が働く。

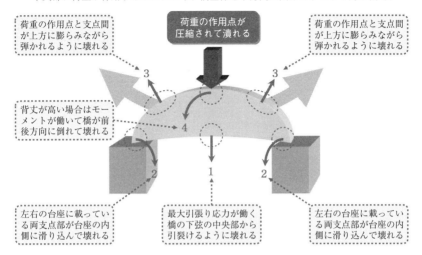

荷重の作用点と支点間が上方に膨らみながら弾かれるように壊れる

荷重の作用点が圧縮されて潰れる

荷重の作用点と支点間が上方に膨らみながら弾かれるように壊れる

背丈が高い場合はモーメントが働いて橋が前後方向に倒れて壊れる

左右の台座に載っている両支点部が台座の内側に滑り込んで壊れる

最大引張り応力が働く橋の下弦の中央部から引裂けるように壊れる

左右の台座に載っている両支点部が台座の内側に滑り込んで壊れる

新人研修においてストロー橋製作実習で作成されたストロー橋販促用ポスター

員で想像しながら共有していくのです。このプロセスをしっかりと確実に実践することができると、無駄な施策を1回分減らせる可能性が出てきます。まさに知恵を使ってお金を稼いだことになるのです。

そして、ストロー橋を実際につくった後は、競技会の場で破壊させることで壊れるまでの耐荷重を把握するのですが、このときのストロー橋の破壊シーンを目でしっかり観察して記憶に残しておくとともに、ビデオで映像を記録しておくのです。そして、自分たちの記憶とビデオ映像の記録を事実情報として、実際の壊れ方を事実にもとづいてしっかり分析するとともに、この分析にもとづいてしかるべき改善策をしっかりと議論するのです。そして、しかるべき改善策を盛り込んだストロー橋の更なるあるべき構造を、メンバー全員で想像しながら共有していくのです。このプロセスをしっかりと確実に実践することができると、失敗から学ぶことができるようになります。まさに失敗経験を使ってお金を稼いだことになるのです。

このようにして、予測をもとにして想像する演繹的な思考、事実をもとにして分析する帰納的な思考の双方がものづくりにおける問題解決には必要であることを経験できるのです。

この演習のもう一つのポイントは、ストロー橋をつくるためには相当量の時間と工数が必要で、短い製作時間のなかでは一度つくり始めてしまったら後戻りややり直しがほとんど不可能なことです。Death march という言葉があります。直訳すると「死の行進」という意味ですが、ものごとに取り組み始めてから、その途中でこのままでは問題が発生するとわかったとしても、もう残された時間がないためにこのまま進んでいかざるを得ない、といった状態を示す言葉です。これは、ストロー橋製作実習でよく見られる光景です。このような惨めな状態に陥ってしまうと、メンバーのモチベーションは下がるし、チーム全体の活気はなくなるし、とても成果など期待できるような状況ではなくなってしまいます。このようにならないためには、ものごとを始める前にしっかりと考えたうえで、できる限り万全の態勢でものごとに臨むようにしなければなりません。段取り八分と

いう言葉がありますが、ものごとを始める前の段取りの段階で既に仕事の八割が終わってしまっている、ということなのです。

　この演習の更なるポイントは、ストロー橋の製作を通じて、企画→設計→生産という商品開発の上流から下流に至る一連の業務プロセスが、短い時間で一通り体験できるということです。企画が悪いと良い設計ができない、設計が悪いと良い生産ができないということや、企画が良くても設計が悪いと良い結果につながらない、設計が良くても生産が悪いと良い結果につながらないなどの、上流や下流とのつながりがとてもよく見えてくるのです。日常の業務のなかで仕事をしていると、自分の領域だけに視線が向いてしまって、自分以外の領域になかなか視線が向かないという、いわゆるタコツボ状態になりがちですが、この実習は自分の視野を拡げるために役立ちます。

　ストロー橋製作実習では、商品開発の現場で起きていることがとてもよく再現されていて、このようなことが実際の業務のなかで起きたら大変なことになってしまう、ではどのようにしたら良いのか、ということを体験できるのです。

2.3　問題解決教育プログラムの品揃え

◆社内向け問題解決教育プログラムの整備充実と展開

　富士ゼロックスで社内展開している問題解決教育プログラムは、新入社員向け、既存社員向けの２通りに大別できます。これらの問題解決教育プログラムは、当初は技術職を主体に展開していましたが、その教育内容のユニークさや教育効果の高さ、社外からの評価の高まり、社内での環境変化などが追い風となって、現在ではスタッフ職、更には営業職という具合に全職種へ向けての展開が進展しています。

第2章　問題解決教育プログラムの整備

【新入社員向け問題解決教育プログラム】

　この教育プログラムは、筆者が初めて手掛けた問題解決教育プログラムであり、筆者が考えうる問題解決に関するほとんどの要素を盛り込んだ、まさに問題解決教育プログラムの集大成です(**図表 2.46**)。この教育プログラムには問題解決教育コンテンツのすべてが含まれており、技術職の新入社員向け問題解決研修として、1カ月以上の長丁場で、問題解決の何たるかについて全体的にかつ徹底的に教育するのです。よくこれほどの規模の研修を実施できたものだと、今になって改めて想いが深まります。実はこの技術職の新入社員を対象にした問題解決教育への取組みが、この後の問題解決教育コンテンツの体系的整備に大きく役立ち、問題解決教育の社内外への展開の基盤となったのです。

　技術職を対象とする新入社員向け問題解決教育プログラムは、「知る」「わかる」「できる」という人材育成の基本プロセスに則って教育が進められるように、次の内容で構成されています。

- **知る**：問題解決に関する一連の基礎知識の学習
- **わかる**：学んだことの活用を通じた改善サイクルの習慣づけ
- **できる**：習得してきた知識・知見を総動員した問題解決行動の実践

このような構成の下で、次の進め方で研修を実施しています。

- **知る**：研修の前半に実施する問題解決スキル系の教育コンテンツで学ぶ。
- **わかる**：研修の前半から後半にわたって取り組む各種のレビューで学ぶ。
- **できる**：研修の後半に実施する実務展開力系の教育コンテンツで学ぶ。

　「知る」と「できる」の領域については、これまでに紹介してきた問題解決教育コンテンツが教材となって、問題解決スキルや実務展開力を学ぶための教育が進められます。「わかる」の領域については、研修期間中に計画されたさまざまなイベントの際に実施される、次の各種のレビューが教材となるのです。

2.3 問題解決教育プログラムの品揃え

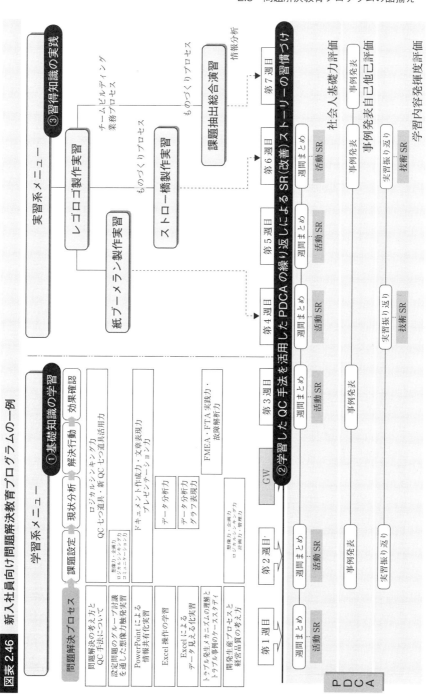

図表 2.46 新入社員向け問題解決教育プログラムの一例

- **週間まとめ**：毎週金曜日に週の活動を題材にして改善サイクルを回す。
- **事例発表**：取り組んだ問題解決事例を報告書として共有し評価し合う。
- **実習振り返り**：実習終了時にパフォーマンスをお互いに評価し合う。

このようなレビューを通じて、結果をデータで見える化し、論理的に考えて結論を導き、今後の教訓を引き出すという問題解決行動に取り組む際の基本的姿勢を習慣づけるようにしたのです。

【既存社員向け問題解決教育プログラム】

この教育プログラムは、以下の2通りの研修形態で展開されています。どちらも新入社員向け問題解決教育プログラムのなかから、実施目的に合致する必要最小限の要素を取り出して構成した、現場で働く忙しい人たちを対象とする研修です（**図表2.47**）。

- 問題解決教育を全社展開するための問題発見研修1日コース
- 現場の中核人材を育成するための中堅社員向け問題解決研修

既存社員向け問題解決教育プログラムは、新入社員向け問題解決研修を受講していない既存社員が、問題解決について改めて勉強し直すための後追い研修的な位置づけにあります。また、教育プログラムの内容は、必要に応じてカスタマイズできるようになっているので、受講者の素性を踏まえてより適応した形の教育を実施できます。

問題発見研修1日コースは、問題解決に関する共通言語の共有と風土化の基盤を形成するという目的で、富士ゼロックスの社内全体の全職種に展開するための問題解決教育プログラムであることから、これだけは全社員が知っておこうという問題解決の肝の部分を、その名のとおり問題を発見するという視点にフォーカスを当てて、最小限の負担で教育できるように構成されています。基本的な進め方は、研修に先立って事前課題に取り組んだ後に、午前中に問題解決の基礎やイメージを講義で学んで、午後は問題解決の肝を演習で学んで、研修が終わったら事前課題で検討してきたこ

2.3 問題解決教育プログラムの品揃え

図表 2.47 既存社員向け問題解決教育プログラムの一例

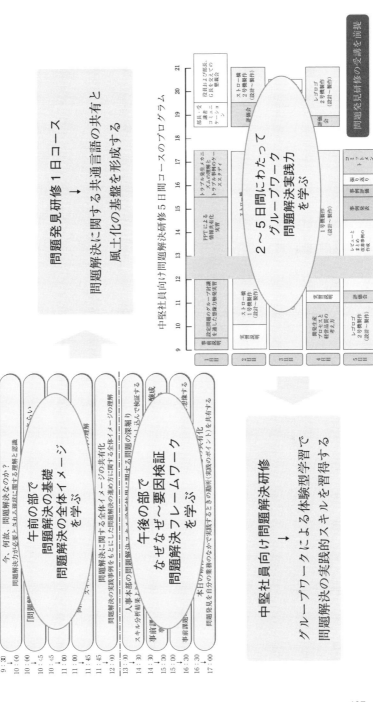

とを現場で実践する形になっています。

　一方、中堅社員向け問題解決研修は、グループワークによる体験型の学習で問題解決の実践的スキルを習得するという目的で、現場の中核人材を育成するための問題解決教育プログラムであることから、現場の実務で問題解決行動を実践するための肝の部分を、新人向け問題解決研修を受講して現場に配属された新入社員に引けをとらないように、2〜5日間の短期間で教育できるように構成されています。基本的な研修パターンは、新人向け問題解決プログラムをダイジェストした5日間の本格学習型から、問題解決の基礎とグループワークで構成した3日間前後の簡易学習型まで、現場の要望に合わせて柔軟にカスタマイズする形になっています。

　このようにして、富士ゼロックスの本体ならびに関連会社へ問題解決研修を展開してきたことで、問題解決に関する基本的な考え方や取組みが、全社共通で認識できるようになってきたのです。これによって、問題解決の共通言語化そして風土化へ向けた変化の兆しが徐々に見え始めてきて、社内のあちらこちらで問題解決に関する議論が当たり前のようになされるようになってきました。

◆問題解決教育コンテンツの品揃えと選択

　富士ゼロックス内で問題解決教育を始めた当初は、企画しようとしている研修の受講対象者や実施目的に応じて、問題解決教育プログラムという一括した形で研修プランを企画検討することで、適宜品揃えしてきました。ところが、このような教育プログラムという一括した形で研修プランを取り扱っていると、研修ごとのカスタマイズに対応した企画検討がやり難いという問題が発生しました。そこで、問題解決教育の集大成として実施している新人研修向け問題解決教育プログラムを題材として、研修プランのなかに取り込まれている教育要素のすべてを切り出すことによって、これらの教育要素の各々を教育コンテンツとして独立した形で取り扱えるように品揃えをしたのです（図表2.48）。このようにすると、研修目的に応じて必要となる教育コンテンツを選択して、研修スケジュールに当てはめてい

2.3 問題解決教育プログラムの品揃え

図表 2.48 問題解決教育コンテンツの品揃え

問題解決教育コンテンツ	教育内容	適用対象の目安
①サバイバル演習	「正解がない問題」を題材にして視点や観点が異なることで得られる結果が変化することを学ぶ	新人～中堅社員教育
②要因ドン演習	特性要因図に列挙された要因のなかから原因を特定するための事実データに基づいた要因検証を学ぶ	新人～中堅社員教育
③経営品質演習	経営品質のフレームワークを通じて企業や組織の観点から問題を発見するプロセスを学ぶ	リーダー～管理職教育
④情報共有化演習	自分が考えていることを他人に伝わるように相手に合わせて伝える際に考えるべきことを学ぶ	中堅社員～リーダー教育
⑤グループワーク演習	お互いがわかり合えるグループという状態を構築するための議論や協働の進め方を学ぶ	新人～中堅社員教育
⑥データ分析実習	事実データにもとづいて現状を把握して問題解決の基軸である問題解決フレームワーク、SRストーリーに関する思考プロセスを学ぶ	中堅社員～リーダー教育
⑦問題発見見研修	問題解決の全体像と問題解決の基軸であるフレームワーク、ロジックツリー、SRストーリーに関する思考プロセスを学ぶ	新人～管理職教育
⑧紙結び製作実習	成果物（紙結び）の見栄えに影響を与えているパラメータを事実データにもとづいて特定することを見栄えの改善プロセスを学ぶ	新人～中堅社員教育
⑨レシプロ製作実習	目標としてイメージした成果物（レシプロ）を可能な限り短時間で製作するための高生産性業務プロセス構築を通じて問題解決行動を学ぶ	新人～中堅社員教育
⑩紙ブーメラン製作実習	実験計画法にもとづいてよりパフォーマンスの高い成果物（紙ブーメラン）を実現するためのパラメータ設定を通じて問題解決行動を学ぶ	中堅社員～リーダー教育
⑪ストロー橋製作実習	FMEAにもとづいてより高いパフォーマンスの成果物（ストロー橋）を実現するための強度構造設計プロセスを通じて問題解決行動を学ぶ	中堅社員～リーダー教育

（中央に楕円形で記載）
問題解決スキル系
教育コンテンツ

実務展開力系
教育コンテンツ

くだけで、教育プログラムのカスタマイズに対応した企画検討を簡単に行えるようにできます。ちなみに、この問題解決教育コンテンツは11項目あり、7項目の問題解決スキル系教育コンテンツと、4項目の実務展開力系教育コンテンツとに大別されています。

さらに、問題解決スキルとその育成に役立つ問題解決教育コンテンツを紐付けて、研修プランの企画検討を目的ベースの選択形式で行えるようにし、多様な問題解決教育プログラムの立案を柔軟にかつより手軽に行えるようにしました（図表2.49）。問題解決スキルは全10項目ありますが、問題解決スキル診断によってそれらの現状レベルと自分の強みや弱みを診断できるようになっているので、その診断結果を活用することで、必要となる問題解決教育コンテンツを適確に選択することができるようにしたのです。問題解決スキル診断結果をもとにして、個人レベルで行えば個人として、組織レベルで行えば組織として、必要となる教育コンテンツを選択することができ、問題解決教育プログラムを簡単にかつ論理的に立案することができます。これによって、問題解決教育プログラムの企画検討過程を見える化できるようになったことから、教育効果のレビューを行いやすくできました。

また、問題解決スキルに頼らない不特定多数の受講者を対象にした教育プログラムを企画検討するために、現場のニーズから教育コンテンツを選択することができるようにしました（図表2.50）。問題解決に関する現場のニーズは、現状を認識する力を強化したいなど、富士ゼロックスにおいてもそうであったように問題を発見する力を強化したいなど、とても漠然とした形で認識されています。この漠然とした現場の問題解決ニーズをもとにして、強化すべき問題解決スキルを把握できるようにすることで、必要となる問題解決スキルを育成する問題解決教育コンテンツを選択できるようにしたのです。こうすることで、いつ誰が実施しても問題解決教育プログラムをブレなく、同じ内容で企画立案できるようになり、教育内容のばらつきを抑えることができます。

問題解決教育プログラムに盛り込むべき教育コンテンツの選択が終わっ

たら、教育の狙いや受講対象者の職種や業務内容を踏まえて選択した教育コンテンツを再精査することで、実施して本当に意味のある教育コンテンツを絞り込んでいかなければなりません。そして、取捨選択して絞り込んだ結果として最終的に必要と判断された教育コンテンツについて、それらを実施するために必要とされる教育時間を個々に積み上げていくことで、問題解決教育プログラムとしての研修規模を見積もります。この見積もられた研修規模と当初想定していた研修期間との整合性を確認したうえで、さらに必要に応じた手直しを適宜施すことで問題解決教育プログラムを立案できるのです。そのための基礎情報として、教育の狙いや受講者の職種に対応した問題解決教育コンテンツの優先度と、研修規模を見積もる際の原単位となる問題解決教育コンテンツの教育時間を、取捨選択の目安として明確化しました(**図表 2.51**、**図表 2.52**)。これらの基礎情報を目安とすることで、問題解決教育コンテンツの取捨選択を行いやすくなるのです。

図表 2.49　問題解決スキルと問題解決教育コンテンツとの関連性

問題解決スキル	問題解決行動に能力としての基本定義
想像力・企画力	問題のない仕事・職場・仕組みなど、将来に向けてのあるべき姿が描ける能力
ロジカルシンキング力	ものごとの因果関係を明確化し、つながりをもって考える能力
コミュニケーション	お互いが考えていることを伝え、わかり合い、概念を共有する能力
QC七つ道具活用力	改善活動に取り組むためのツールを業務のなかで使える能力
現状分析・見える化力	Excelを使いこなし、現場・現物・現実を事実データでわかりやすく表現する能力
仮説検証力	推測したことをデータにもとづく事実で裏付けをとる能力
リーダーシップ力	自ら関係者に働きかけ、関係者のモチベーションを高めて協働のマインドをもたせる能力
計画立案・実行力	やるべきことに対して段取りを立てて計画的に取り組み、確実に進捗させる能力
SRストーリー展開力	過去→現在→未来の推移を、やり方と結果を対比したストーリーで説明する能力
報告書作成・展開力	改善活動をドキュメントとして表現して関係者に適確に伝える能力

2.3 問題解決教育プログラムの品揃え

おける要求要件 求められる行動特性	対象の問題解決教育コンテンツ										
	①	②	③	④	⑤	⑥	⑦	⑧	⑨	⑩	⑪
環境与件を認識したうえで問題解決フレームワークで発見した問題を整理する			●				●		●	●	●
現状をあるべき姿へ変革するための課題を分解して実行施策を立案する			●				●		●	●	●
現状分析やなぜなぜ展開や環境与件検討などの場で関係者と共通概念を形成する	●			●	●				●	●	●
実行施策を遂行しながら科学的アプローチで改善活動を実施する						●			●	●	●
事実データにもとづいた現状分析やなぜなぜ展開を通じて現状を見える化する		●				●			●	●	●
事実データにもとづいた仮説の検証を通じて真因を追究する		●						●	●	●	●
目標達成の基準を明確化して達成へ向けて関係者に働き掛けて動機づけする					●				●	●	●
目標の達成へ向けた実行計画や施策を立案して継続的改善を遂行する								●	●	●	●
仕事の節目で取組みと結果のレビューを実施しながら継続的改善を遂行する								●	●	●	●
問題解決として取り組んだ結果を改善事例として見える化して関係者と共有する				●					●	●	●

第2章 問題解決教育プログラムの整備

図表2.50 現場のニーズを基軸にした問題解決教育コンテンツの選択

強化すべき問題解決スキル	対象の問題解決教育コンテンツ										
	①	②	③	④	⑤	⑥	⑦	⑧	⑨	⑩	⑪
想像力・企画力		●	●				●		●	●	●
ロジカルシンキング力		●	●				●		●	●	●
コミュニケーション力				●	●				●	●	●
QCセット道具活用力				●					●	●	●
現状分析・見える化力		●				●			●	●	●
仮説検証力	●					●			●	●	●
リーダーシップ力					●			●	●	●	●
計画立案・実行力									●	●	●
SRストーリー展開力							●		●	●	●
報告書作成・展開力				●					●	●	●

教育のポイント
- なぜなぜ展開／現状見える化／情報相互理解
- 環境与件認識／問題構造整理／取組課題設定
- 取組課題分解／取組施策展開／実行計画立案
- QC手法活用／継続的改善／活動事例共有

現場のニーズ
- 現状を認識する力を強化したい
- 問題を発見する前の工程
- 問題を発見する力を強化したい
- 課題を設定する力を強化したい
- 問題を発見した後の工程
- 課題を解決する力を強化したい

2.3 問題解決教育プログラムの品揃え

図表2.51 教育の狙いを基軸にした問題解決教育コンテンツの選択

工程	教育の狙い	教育のポイント	問題解決教育コンテンツ	教育時間	優先度
問題を発見する前の工程	現状を認識する力を強化したい	なぜなぜ展開 現状見える化 情報相互理解	①サバイバル演習	2〜4時間	△
			②要因ドン演習	2〜4時間	△
			③経営品質演習	2〜4時間	△
			④情報共有化演習	2〜4時間	○
			⑤グループワーク実習	2〜4時間	◎
			⑥データ分析実習	0.5〜2日	△
			⑦問題発見研修（なぜなぜ）	0.5〜1日	◎
	問題を発見する力を強化したい	環境与件認識 問題構造整理 取組課題設定	①サバイバル演習	2〜4時間	△
			③経営品質演習	2〜4時間	△
			④情報共有化演習	2〜4時間	○
			⑤グループワーク実習	2〜4時間	◎
			⑦問題発見研修（FW）	0.5〜1時間	○
問題を発見した後の工程	課題を設定する力を強化したい	取組課題分解 取組施策展開 実行計画立案	③経営品質演習	2〜4時間	△
			⑤グループワーク実習	2〜4時間	◎
			⑦問題発見研修（SR）	0.5〜1日	◎
	課題を解決する力を強化したい	QC手法活用 継続的改善 活動事例共有	④情報共有化演習	2〜4時間	○
			⑤グループワーク実習	2〜4時間	△
			⑥データ分析実習	0.5〜2日	○
			⑦問題発見研修（SR）	0.5〜1日	◎

第2章 問題解決教育プログラムの整備

図表2.52 職種を基軸にした問題解決教育コンテンツの選択

職種(業務内容)	教育の狙い	教育のポイント	問題解決教育コンテンツ	教育時間	優先度
営業およびスタッフ職(人が主対象となった業務)	問題解決行動を強化したい	ビジネス想像 事実立脚 プロセス指向 目標達成意欲	⑧紙結び製作実習	2～6時間	◎
			⑨レゴロゴ製作実習	1.5～2日	◎
			⑩紙ブーメラン製作実習	1.5～2.5日	△
			⑪ストロー橋製作実習	2～3日	○
	グループワークを強化したい	ビジネス想像 相互理解 共通概念形成 目標達成意欲	⑧紙結び製作実習	2～6時間	○
			⑨レゴロゴ製作実習	1.5～2日	◎
			⑩紙ブーメラン製作実習	1.5～2.5日	△
			⑪ストロー橋製作実習	2～3日	△
技術職(物が主対象となった業務)	問題解決行動を強化したい	ビジネス想像 事実立脚 プロセス指向 目標達成意欲	⑧紙結び製作実習	2～6時間	○
			⑨レゴロゴ製作実習	1.5～2日	○
			⑩紙ブーメラン製作実習	1.5～2.5日	◎
			⑪ストロー橋製作実習	2～3日	◎
	グループワークを強化したい	ビジネス想像 相互理解 共通概念形成 目標達成意欲	⑧紙結び製作実習	2～6時間	◎
			⑨レゴロゴ製作実習	1.5～2日	◎
			⑩紙ブーメラン製作実習	1.5～2.5日	○
			⑪ストロー橋製作実習	2～3日	◎

対象	⑧紙結び製作実習	⑨レゴロゴ製作実習	⑩紙ブーメラン製作実習	⑪ストロー橋製作実習
視点	品質(ばらつき)改善	業務プロセス改善	パラメータ設計	強度構造設計

2.3 問題解決教育プログラムの品揃え

◆問題解決教育プログラムの企画検討の例

　問題解決教育に限りませんが、研修という集合形態で実施する教育の場合には、不特定多数のさまざまな職務階層の人たちが受講者として集まってきます。このような受講者には能力や知識に関する統一感がほとんどないため、研修を実施する際の教育プログラムの内容や難易度の設定レベルが、ポイントになります。職務階層が、新人・若手層、中堅層、リーダー層、管理職層というように高まるにつれて担当する業務範囲が拡大していき、業務課題が自己領域から組織領域へとウェイトが徐々に増していくのが一般的です(**図表2.53**)。それに伴って、育成しなければならない能力がスキル系から実務展開力系へと主体が変わってくることから、職務階層に応じて教育内容も変わってきます。若手・新人層にはスキル系主体の教育を実施して、中堅層あたりから実務展開力系の教育を徐々に増やしながら、リーダー層以上になったら実務展開力系主体の教育を実施していくというパターンが標準的な考え方です。こうしたことを踏まえて、もし何ら受講

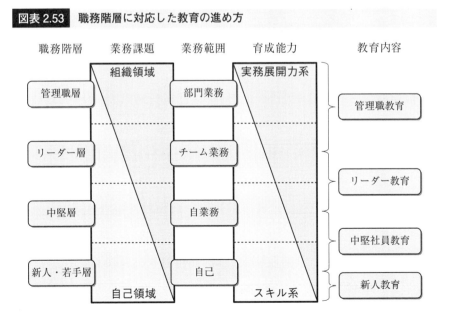

図表2.53 職務階層に対応した教育の進め方

第2章 問題解決教育プログラムの整備

に関する制限がない不特定多数の受講者を対象とする場合には、問題解決教育プログラムは受講対象を中堅層からリーダー層の範囲と想定して企画検討しています。

一方、問題解決教育コンテンツはスキル系と実務展開力系の2系統に大別されていますが、実務展開力系のウェイトが全体の1/2〜2/3程度を占めるように教育内容を構成するようにしています（**図表2.54**）。ただし、共通言語獲得および風土化を教育目的として実施する「問題発見研修」と、協働意欲醸成および達成意欲醸成を教育目的として実施する「レゴロゴ製作実習」は、どのような職務階層であっても受講の必要性があるとの判断から、この2つの問題解決教育コンテンツについては特に理由がなければ必ず盛り込むようにしています。

このようにして企画検討した問題解決教育プログラムについて、標準的な事例を紹介します。

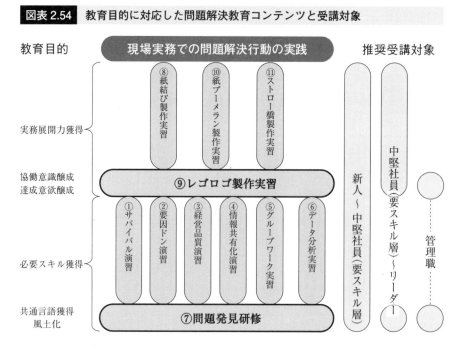

図表2.54　教育目的に対応した問題解決教育コンテンツと受講対象

2.3 問題解決教育プログラムの品揃え

【全職種中堅社員向け問題解決教育プログラム】

すべての職種の中堅社員の人たちを対象にした問題解決教育プログラムには、標準型の3日間コースと短縮型の2日間コースがあります(**図表2.55**)。

3日間コースは、「問題発見研修」「グループワーク実習」「紙結び製作実習」「レゴロゴ製作実習」の4つの問題解決教育コンテンツで構成されており、問題解決の基礎、グループワークのあり方、データにもとづく現状の見える化、そして問題解決行動について学ぶようになっています。この3日間コースでは、内容的に十分であるとはいえないものの、問題解決行動を実践するために必要な勘所を学ぶことができます。

2日間コースは、3日間コースの内容からグループワーク実習を割愛して、紙結び製作実習とレゴロゴ製作実習を各々短縮した内容にすることで、忙しい現場の人たちに必要最低限の部分に絞って問題解決を学んでもらうためのものです。3日間コースと比べて内容的には見劣りするものの、この2日間コースでは、問題解決行動を実践するための肝となる勘所を学ぶことができます。

【技術職中堅社員向け問題解決教育プログラム】

技術職の中堅社員の人たちを対象にした問題解決教育プログラムには、標準型の3日間コースと短縮型の2日間コースがあります(**図表2.56**)。

3日間コースの構成は全職種中堅社員向け問題解決教育プログラムと同様になっていますが、レゴロゴ製作実習を紙ブーメラン製作実習に置き換えた点が異なります。一方、2日間コースは、「問題発見研修」「紙ブーメラン製作実習」の2つの問題解決教育コンテンツのみの構成です。さらに、紙ブーメラン製作実習をストロー橋製作実習に置き換えることも可能です。しかし、3日間コースおよび2日間コースともに、紙ブーメラン製作実習とストロー橋製作実習のどちらを選択したとしても、本格的なものづくりに取り組むためにとてもハードな内容になっています。

第2章　問題解決教育プログラムの整備

図表 2.55　全職種中堅社員向け問題解決教育プログラムの基本型

時間	9	10	11	12	13	14	15	16	17	18
3日間標準コース 1日目	はじめに	問題解決基礎＆問題解決プロセス（座学）		昼休み	⑦問題発見研修		⑤グループワーク実習			
							講義	設定課題演習		
3日間標準コース 2日目	サイクル1 S1–R1	サイクル2 S2–R2	サイクル4 S4–R4	まとめ 全体共有	昼休み	事前課題検討（FW・LT・SR演習）				
	⑧紙結び製作実習			サイクル5 S5–R5						
3日間標準コース 3日目	競技会 活動レビュー				⑨レゴロ製作実習（前日からの続き）				おわりに	
					説明	プロセス検討	報告書作成	発表		
					サイクル6 S6–R6	競技会 活動レビュー				
2日間短縮コース 1日目	はじめに	問題解決基礎＆問題解決プロセス（座学）		昼休み	⑦問題発見研修		⑧紙結び製作実習	⑨レゴロ製作実習	診断テスト	
		サイクル1 S1–R1	サイクル2 S2–R2			事前課題検討（FW演習）		サイクル1 S1–R1	S2	
2日間短縮コース 2日目	⑨レゴロ製作実習			昼休み	サイクル3 S3–R3	サイクル4 S4–R4	競技会 活動レビュー	説明	プロセス検討	おわりに
			競技会 活動レビュー						共有	診断テスト

注）FW：問題解決フレームワーク、LT：ロジックツリー、SR：SRストーリー。

2.3 問題解決教育プログラムの品揃え

図表 2.56 技術職中堅社員向け問題解決教育プログラムの基本型

時間	9	10	11	12	13	14	15	16	17	18
3日間標準コース 1日目	はじめに	問題解決基礎＆問題解決プロセス（座学）		昼休み	⑦問題発見研修			⑤グループワーク実習		
		サイクル1 S1–R1	サイクル2 S2–R2			事前課題検討（FW–LT–SR演習）	講義	設定課題演習		
			まとめ的全体共有							
3日間標準コース 2日目	⑧紙飛び製作実習			昼休み	⑩紙ブーメラン製作実習				競技会→活動レビュー	おわりに
	第二次試作品の製作（飛行特性の改善）				第一次試作品の製作（形状と飛行性能との関連づけ）		報告書作成	発表		
3日間標準コース 3日目	⑩紙ブーメラン製作実習（前日からの続き）			昼休み	左記継続				競技会→活動レビュー	診断テスト おわりに
2日間短縮コース 1日目	はじめに	⑦問題発見研修（前半）		昼休み	説明	⑨⑩紙ブーメラン製作実習				
	問題解決基礎＆問題解決プロセス（座学）									
	第二次試作品の製作（飛行特性の改善）				第一次試作品の製作（形状と飛行性能との関連づけ）		報告書作成	発表		
2日間短縮コース 2日目	⑩紙ブーメラン製作実習（前日からの続き）			昼休み	説明	左記継続			競技会→活動レビュー	診断テスト おわりに

注）FW：問題解決フレームワーク、LT：ロジックツリー、SR：SRストーリー。

【新入社員向け問題解決教育プログラム(短期間型)】

　企業に入社して配属される前の新入社員の人たちを対象とした短期間型の問題解決教育プログラムであり、他の問題解決教育プログラムと比べて内容的に最も充実した5日間コースが基本になっていますが、例外的に1日短縮した4日間コースにすることも可能です(図表2.57)。5日間コースは、「グループワーク実習」「問題発見研修」「サバイバル実習」「情報共有化演習」「紙結び製作実習」「レゴロゴ製作実習」の6つの問題解決教育コンテンツで構成されており、グループワークのあり方、問題解決の基礎、なぜなぜの展開、自分の考えの伝え方、データにもとづく現状の見える化、そして問題解決行動について学ぶようになっています。この5日間コースを1日短縮して4日間コースとする場合には、「問題発見研修」と「レゴロゴ製作実習」を短縮することになります。5日間コースと4日間コースのいずれにしても、新入社員として職場に配属される前に身につけておくべきことを学べるようになっています。

　ちなみに、富士ゼロックスで実施している技術職向けのインターンシップ研修では、きちんとした素養をもつ、新入社員としてどの企業へ入社しても恥ずかしくない人材を育成するために、この新入社員向け問題解決教育プログラムを若干カスタマイズした構成で問題解決教育を実施しています。

2.3 問題解決教育プログラムの品揃え

図表 2.57 新入社員向け問題解決教育プログラムの基本型

時刻	9	10	11	12	13	14	15	16	17	18
	はじめに	利き脳診断	⑤グループワーク実習 講義 / 設定課題演習	昼休み	⑦問題発見研修 スキル前診断 / 問題	説明 / 発表	⑦問題発見研修 問題解決基礎＆問題解決プロセス（座学）			
			事前課題検討（FW-LT-SR 演習）/ 課題					①サバイバル演習 なぜなぜ / 講義 / 発表	④情報共有化演習 演習 / 発表		
			⑦問題発見研修（課題検討）/ 問題発見FWマイケース検討（企業人として目指す姿）		サイクル1 S1-R1 / 発表 / 説明	サイクル1 S1-R1	サイクル2 S2-R2	レビュー / 発表		
	説明	イメージ検討	プロセス検討	昼休み	⑨レコレコ製作実習	サイクル2 S2-R2	サイクル3 S3-R3	レビュー / 発表		
	サイクル4 S4-R4	サイクル5 S5-R5	サイクル6 S6-R6	昼休み	⑨レコレコ製作実習（前日からの続き）/ 競技会 / 全体レビュー / 改善報告書作成 / 発表			競技会	パフォーマンス診断 / スキル後診断 / おわりに	

{ 5日間標準コース }

(注) FW：問題解決フレームワーク、LT：ロジックツリー、SR：SRストーリー。

143

第3章

問題解決教育の導入と展開

3.1 新人研修への導入

◆導入の背景

　筆者は1970年代の中頃に富士ゼロックスに新卒として入社して以来、商品開発の上流から下流に至るさまざまな部門に所属しながら、ハードウェアを対象としたものづくりに一貫して携わってきました。研究、設計、品質保証、品質管理、生産などの商品開発に携わる一連の部門での仕事を通じて、どうすればハードウェアに品質や信頼性をつくり込めるのかを常に考えながら、良いものづくりに一貫して取り組んできました。筆者が入社した頃の富士ゼロックスは、まだ自社で独り立ちして開発設計していけるような技術レベルにはなかったことから、商品開発力はまさに米国の親会社頼りの状態でした。このような状況であったことから、当時の富士ゼロックスの商品の様相は、とても日本的ではない大きなサイズで、ごつくて頑丈そうな構造で、米国感覚での設計そのものであったことを記憶しています。ところが、そのような富士ゼロックスの商品であっても、例えば直径が1/2インチ、すなわち12.7mmもあるシャフト(モーターなどの動力を伝達するための棒状の回転部品)がお客様が使用しているうちに破損

して、それらの破損品が市場トラブル品として大量に回収されてくることに大変な驚きを覚えました。

　当時まだ学生上がりの駆け出しであった筆者が学校で勉強した強度設計の知識によれば、直径が12.7mmもあるシャフトの理論的強度がどの程度であるのかは十分にわかっていましたし、また実生活においてもそのようなシャフトが折れたり曲がったりするような体験など皆無でした。筆者にしてみれば破損することなど考えられないようなシャフトが、使用しているうちにいとも簡単に破損してしまうという出来事を目の当たりにして「信じられない」を通り越して、「なぜだろう」という強い疑問が持ち上がってきたのです。これが富士ゼロックスにおける筆者の原体験となって、以後の会社人生を良いものづくりに一貫して従事する切っ掛けとなっていったのです。

　このような状況のなかで長い年月が経過するにつれて、富士ゼロックスの商品開発力も徐々に向上していきました。そこで、この商品開発力を一気に高めるために、家電製品並みの品質とコストを目指すという目標が掲げられて自社開発に拍車が掛かると同時に、デミング賞の受賞を目指してTQCの本格的導入に取り組み始めたのです。そして、たくさんの課題を提示されたものの、無事にデミング賞を受賞することができて、やっと独り立ちできるレベルになったといえる状態になったのです。

　更なる年月が経過して、自社開発が当たり前のように行われるようになってきたこととは裏腹に、近年の特に開発部門におけるQC的な教育の停滞によって、お客様にお届けした商品に関する市場品質の悪化傾向が顕在化してきたのです。富士ゼロックスが市場導入した新商品から、かつての商品で経験したような市場トラブルが相変わらず数多く発生していたのです。トラブルの発生にはさまざまな理由がありましたが、一言でいえば、品質や信頼性がわかっていても十分につくり込めていなかったのです。商品の設計段階で実施される試作テストにおいて数多くのトラブルが確認されるのですが、それらのトラブルを確実に解決することができず、また再発防止が十分でないにもかかわらず止むなく市場導入することとなり、こ

3.1 新人研修への導入

の結果が市場トラブルを招くということにつながっていたのです。この市場トラブルは自社で設計していた部分だけでなく、仕入先メーカーから納入される部品においても発生していました。このように発生してくる市場トラブルが、現在取り組んでいる新商品開発の仕事に負荷的な影響を及ぼすという、悪循環が一部に発生しつつあったのです。このようなことは富士ゼロックス特有のことではなく、どこの企業においてもよくある話だと思います。その理由としては、商品開発プロセスのなかで、問題を未然に防いだり、発生した問題を再発しないように確実に食い止めたりという活動を十分にできていないことが考えられます。

このような状況を踏まえて、現場での第一線を離れ教育サイドの仕事に携わり始めていた筆者は、次の取組みの必要性を感じました（図表3.1）。

- 商品開発プロセスを通じての品質をつくり込むためのプロセスづくり

図表3.1 プロセスを通じて品質をつくり込む

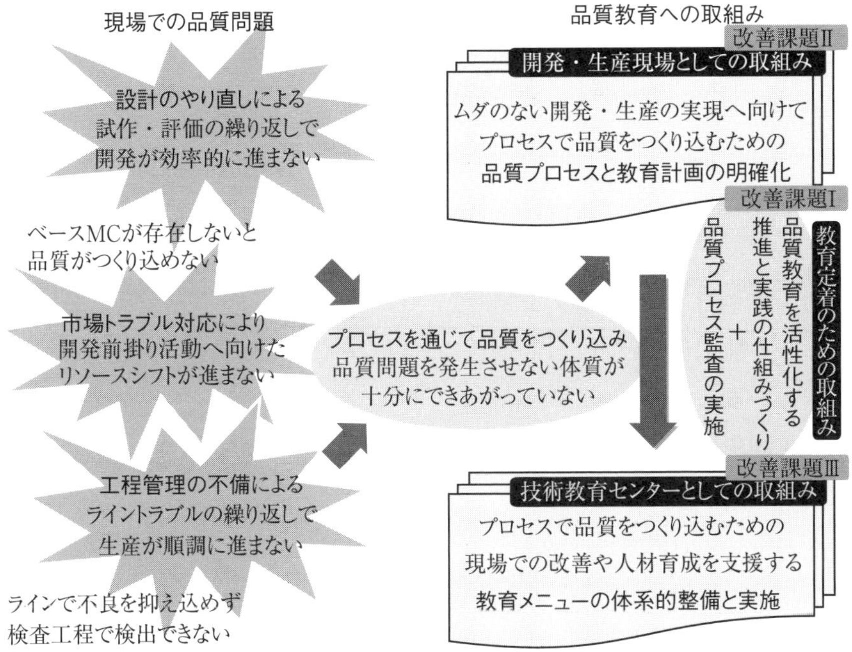

現場での品質問題

- 設計のやり直しによる試作・評価の繰り返しで開発が効率的に進まない
- ベースMCが存在しないと品質がつくり込めない
- 市場トラブル対応により開発前掛り活動へ向けたリソースシフトが進まない
- 工程管理の不備によるライントラブルの繰り返しで生産が順調に進まない
- ラインで不良を抑え込めず検査工程で検出できない

プロセスを通じて品質をつくり込み品質問題を発生させない体質が十分にできあがっていない

品質教育への取組み

改善課題Ⅱ　開発・生産現場としての取組み
ムダのない開発・生産の実現へ向けてプロセスで品質をつくり込むための品質プロセスと教育計画の明確化

改善課題Ⅰ　品質教育を活性化する推進と実践の仕組みづくり＋品質プロセス監査の実施

教育定着のための取組み

改善課題Ⅲ　技術教育センターとしての取組み
プロセスで品質をつくり込むための現場での改善や人材育成を支援する教育メニューの体系的整備と実施

- そのプロセスを確実に実行できる人材を育成するための品質教育

一方、これも富士ゼロックス特有のことではなく、どこの企業においてもよく見られることだと思いますが、以下のような理由によって社員構成に好ましくない変化が起き始めてきたのです(図表3.2)。
- 経済停滞が長らく続いたことによる長期にわたる新人採用の手控え
- 現在の富士ゼロックスをつくり上げてきた団塊の世代を主体とした社員層の定年退職

すなわち、豊富な現場経験をもつ現役社員の退職が年々増加するのに対して、入社してくる新入社員は経験がなく数が少ない、という形の少子高齢化が社内で徐々に進展し始めてきたのです。筆者が15年後の組織力を試算したところ、これまでの人材育成トレンドで推移した場合には、15年後の組織力は現有組織力の1/3程度にまで低下してしまうことがわかったのです。そこで、このような事態に対処するためには、社員の頭数が増加することはこれからもほとんど望むことができないと考え、現在の社員よりも3倍働くことができる能力をもつ人材を育成するしか選択肢がないと判断したのです。しかも、この3倍働くということを、仕事を過負荷状態もしくは単にスピードアップすることで3倍の仕事をこなせるという量的な観点からではなく、業務担当能力もしくは業務処理能力を高くすることで3倍に相当する仕事をこなせるという質的な観点から捉えるようにしたのです。このような認識を踏まえて、3倍働くことができる能力を高めていくためには、以下のような多能工化と高生産性という方向性で取り組むことが必要と考えました。
- **多能工化**：どのような業務においても必要となる基盤能力を備えている。
- **高生産性**：適確な意思決定をするための基本的考え方が身についている。

そして、この両者に共通する能力が仕事の基本としての問題解決力であるとの認識から、この問題解決力を基軸にして人材育成スピードの3倍速を狙いとした人材の促成栽培に取り組んでいくことになったのです。

3.1 新人研修への導入

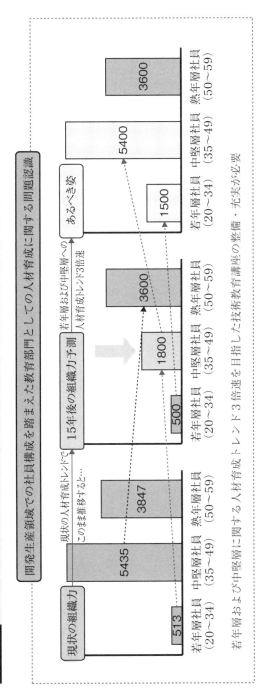

図表 3.2 社員構成の変化を踏まえた人材育成の方向性

新人研修を問題解決力を問題解決スキルを活用して組織としての成果を獲得するための「問題解決行動を実践するためのスキルの集合体」として、問題解決スキルと問題解決実践力の複合能力と定義

新人研修を通じた、どの職場に配属されても通用する基盤スキルとしての問題解決力の育成強化
問題を見つけられ、なすべきことが認識でき、その解決に向けて自ら取り組んで成果を出せる人材の育成

このようにして人材の促成栽培を具体的に進めていくときの取組み方として、「すべての社員層に対していっせいに展開」「既存社員から展開」「新入社員から展開」など、さまざまな選択肢が考えられたのですが、筆者は迷わず「新入社員から展開」を選択したのです。多能工化および高生産性という狙いで人材の促成栽培に取り組んだとしても、狙いに適う人材に育成できるまでには5年から10年程度の期間が必要と筆者は考えました。ということは、既存社員に対して人材の促成栽培に取り組んだとしても、狙いに適う人材に育つ頃には既に高齢化してしまっていて、結果として得られるメリットが少ないと判断したからです。このようなことから、この先の会社人生が長い新入社員に対して人材の促成栽培に取り組むことになったのです。人材を促成栽培する手段は、仕事の進め方としての問題解決教育です。

◆問題解決教育プログラム導入の経緯

富士ゼロックスの新人研修は、技術職、営業職、SE職という職種別で行われていますが、筆者は入社以来一貫して技術畑を歩んできたこと、会社ではメーカーとしてものづくりに貢献できる人材を必要としていることなどの理由から、問題解決教育の実施対象として、技術職を対象にした新人研修に白羽の矢を立てました。そこで、まず初めに、これまで行われていた新人研修を受講して配属された新入社員の配属現場での評判を確認してみました。すると、現場にスムーズに溶け込めていないという意見が多数を占めており、その理由の多くに問題解決力の低さを挙げていました。これと時を同じくして、技術職向けの新人研修の最後に実施された研修報告会において、新入社員たちが行ったプレゼンを聞いた当時の技術部門の担当役員が、「問題解決力がなっていない」と強く指摘したことで、技術職向けの新人研修の担当者がその対応を迫られていたのです。まさに、これからメーカーとしての明日の会社を背負っていかねばならない新入社員に対して、今まさに必要とされている問題解決力がまったく育成できていなかったことが、ここにきて問題としてあからさまになったのです。

初等・中等から始まって大学・大学院に至る学校教育のなかでは、ほとんどといってよいくらいに問題解決教育が行われていないことから、新入社員として企業へ入社してきた時点の学生たちは問題解決力を身につけてはいないのです。しかも、新人研修が問題解決型に変革される前の富士ゼロックスにおいては新人研修の段階で問題解決教育に取り組んでいなかったことから、入社してきた新入社員たちは問題解決力を身につける機会を得ないままの状態で、さまざまな現場へ配属されていたのです (図表3.3)。例えば、技術職の新入社員たちは、配属された後に現場の人手不足のなかでいきなり実務に取り組むことになり、設計をしたり図面を書いたりという仕事を行っていたのです。筆者の現場経験でいえば、問題解決力が不十分な状態では商品に品質や信頼性をしっかりつくり込むことができるはずがなく、市場導入した商品にトラブルが発生するのは当然のことなのです。

　このようなことから、メーカーとしての現有組織力の向上を最優先課題として、仕事の基本としての問題解決力を身につけた技術職の新入社員を、即戦力として開発生産の現場に配属していくことを目指して、まずは技術職の新人研修に関する変革に取り組んだのです。毎年入社してくる新入社員全員に対して、仕事の基本としての問題解決力を配属前に身につけさせてしまうことで、開発生産の現場における問題解決力の底上げを図ろうと考えたのです。

　このようにして、2006年度に技術職向けの新人研修に関する変革の必要性を認識した後、2007年度から2008年度の2年間にわたって、問題解決教育プログラムを技術職向けの新人研修へ導入するための変革に取り組みました (図表3.4)。そして、2008年度に問題解決教育プログラムとしての完成形ができあがって以降は、技術職向けの新人研修の完了後に毎年行うレビューを踏まえて、この完成形に手を加えながら今日に至っているのです。

　まず2007年度を技術職向け新人研修に関する変革前期の基盤形成期として、手始めとして問題解決スキル系教育コンテンツを整備したうえで、問題を見つける人材の育成を狙いにした問題解決教育プログラムを導入し

図表3.3　技術系新入社員の問題解決力に関する問題認識と対応

《問題認識（2006年度時点）》
- 時代が変化するなかで、その対応に問題解決力が必須基盤スキルと認識されている。
- 2006年度新人研修終了後の成果報告会にて新入社員の問題解決力のレベルの低さが露呈した。
    ⇒ 新人が指摘していた多くの問題は事実や論理的な根拠に立脚したものではなかった。
- 2006年度新人研修を受講した新入社員の多くが現場にスムーズに溶け込めないと評価された。
    ⇒ 配属現場の新人育成担当者の多くから、新入社員の問題解決力の低さを指摘された。

《わかったこと》
- 会社の将来を担う新入社員が十分な問題解決力を身につけていない状態で現場に配属されている。

《問題》
- 入社後に実施している新人研修は問題解決力に関する教育をほとんど実施していない状態である。
- 入社時点の学生は会社が必要としているレベルの問題解決力が身についていない状態である。

《今後の対応（2007年度以降）》
- 会社が必要とする問題解決力が配属までに確実に身につけられるように新人研修を変革する。
- 新人研修の変革が実現した後には新人研修プログラムの学校教育への展開を検討する。

《あるべき姿》
- 長い学校教育のなかで基礎的な問題解決教育を習得してきた学生が会社に就職する状態をつくる。

たのです。そして、従来と比べて10日間延長した全26日間の新人研修を通じて、講義と演習を主体にした問題解決教育を実施したのです。ところが、このような講義と演習を主体にした企業内教育そのもののような進め方は、ほんの少し前まで学生であった新入社員にとっては退屈なものでしかなく、とても学び難いものになっていたようでした。しかも、問題解決に関するスキル習得を教育の目的としていたことから、研修によって育成された新入社員たちは、現場の実務で問題解決行動を実践するにはほど遠い状態でした。

3.1 新人研修への導入

図表 3.4　技術職向け新人研修への問題解決教育導入の変遷

	2006年度：問題認識期	2007年度：(前期) 基盤形成期	2008年度：(後期) 体系完成期
狙い	どの職場に配属されても即仕事ができる人材の育成	問題を見つけられる人材の育成⇒問題解決力をつける	仕事の基本が身について現場にスムーズに溶け込める人材の育成
目標	研修満足評価⇒80％以上（レベル4と5の比率）	問題解決力評価⇒レベル3超80％以上	問題解決力評価⇒レベル3超80％以上 現場実習事例評価⇒レベル3未満5％以下
実施項目	集合研修：(全日程16日) ・開発生産業務知識の習得（特許、部門紹介、技術入門、安全など） 現場研修：(全日程2カ月) ・開発生産現場訪問 ・開発生産現場での実習	集合研修：(10日間延長⇒全日程26日) ・開発生産業務知識の習得（特許、部門紹介、技術入門、安全など） ・問題解決スキルの体系的習得 現場研修：(全日程4カ月) ・次工程を想定した現場実習(2カ月・2回)	集合研修：(9日間延長⇒全日程35日) ・開発生産業務知識の習得（特許、部門紹介、技術入門、安全など） ・問題解決スキルの体系的習得 ・グループワークスキルの習得 ・ものづくり製作実習による実践経験 現場研修：(全日程3カ月) ・次工程を想定した現場実習(3カ月・1回) 配属先研修：(全日程0.5カ月) ・配属先担当業務内容の認識と理解
結果	・研修満足度⇒94.4％ ・約4割の新人がスムーズに職場に入れなかった。	・問題解決力評価⇒レベル3以上80.3％ ・現場実習事例評価⇒レベル3未満5.6％	・問題解決力評価⇒レベル3以上91.1％ ・現場実習事例評価⇒レベル3未満2％ ・現場実習トレーナー評価⇒肯定評価87％
問題・課題	・問題解決力が身についていない。⇒特に問題を発見する力が弱い。 【内容充実の観点】 ・問題解決スキル育成を基軸にした研修プログラムの抜本的見直し	・スキル習得教育に留まり、現場業務を想定した実践力が育成できていない。 ・現場実習の目的が曖昧になっている。 【内容充実の観点】 ・習得スキルの現場実習実践力を育成するための教育カリキュラムの補強	・2008年度のやり方を踏襲しつつ、スキル育成結果を踏まえた内容充実を図る。 【内容充実の観点】 ・コストおよびCS（顧客満足）マインドの醸成 ・役員や部門長との対話を通じて自分としてのあるべき姿の共有化
	これまでのやり方		変革後のやり方

このような結果を踏まえて、続く2008年度を技術職向け新人研修に関する変革後期の体系完成期として、残された実務展開力系教育コンテンツを整備したうえで、仕事の基本が身について現場にスムーズに溶け込める人材の育成を狙いとした、最終形としての問題解決教育プログラムを導入したのです。そして、2007年度と比べて更に9日間延長した全35日間の新人研修を通じて、講義と演習よりも、むしろ実習を主体にした問題解決教育を徹底的に実施したのです。全研修時間の60％以上をゲーム感覚で取り組む実習形式にした効果は歴然で、新入社員たちは目の色を変えて研修に取り組むようになったのです。朝は研修の開始時間前から、夜は研修の終了時間を大幅に過ぎても自主的に研修に取り組み、研修所の消灯時間までやめようとしない状態が毎晩のように続いたのです。このような状態になると、研修の場が新入社員たちにとって本当の意味での学びの場となり、彼らの問題解決力は研修期間中に飛躍的に向上するようになってきたのです。さらに、このような研修が社外からの評判を得て、ビジネス誌からの取材や学校関係者からのオブザーブが度々舞い込んできたことも、彼らが研修に取り組むモチベーションの向上に大きく寄与しました。

　問題解決行動を実践的に学ぶ手立てとして実務展開力系教育コンテンツは期待どおりの効果を発揮したわけですが、このようなコンテンツを安易に導入してしまうと、単なるお遊びゲームになってしまう懸念がありました。そこで、紙ブーメランやストロー橋といったものづくり製作実習の導入においては、以下のような工夫を凝らしたのです。

- 開発生産の現場での仕事の一場面を想定した題材とする。
  - ⇒パラメータ設計の場面、強度構造設計の場面
- 取り組むテーマに相反する要素を取り入れる。
  - ⇒正確に飛び・確実に戻る、より強く・より軽い
- 出来栄えを定量的に見える化して競い合いを喚起する。
  - ⇒飛行得点、耐荷重 vs 橋重量
- 問題解決行動の手順を踏襲した取組み方で進行する。
  - ⇒SR活動経緯報告などの各種帳票を活用した取組みの誘導

このような工夫を凝らしても、新入社員たちは実習に入ると楽しさのあまり問題解決行動や競い合いに関する意識をついつい失念してしまうため、都度の叱咤激励することも欠かせない大切な要素なのです。

　このようにして、2007年度から2008年度の2年間にわたる技術職向けの新人研修の変遷を経て、仕事の基本としての問題解決力を育成するための問題解決教育コンテンツが体系的に整備された、問題解決教育プログラムが完成の域に達したのです。そして、2008年度以降の技術職向け新人研修を通じて、一貫した問題解決教育によって問題解決力を育成された新入社員を、毎年継続して現場へ送り出すことができるようになったのです。

◆問題解決力の育成につながるさまざまな視点からの取組み

　ここまで技術職向け新人研修における問題解決教育プログラムの変遷を、問題解決教育コンテンツの視点から説明してきました。しかし、1カ月程度の短期間の研修で、仕事の基本としての問題解決力が身について、問題解決行動を現場の実務で実践できて、どの職場に配属しても即戦力として期待できるという新入社員を育成するには、この視点だけでは十分な取組みとは決していえません。そこで、単なる知識の習得に留まらない実践的なレベルでの問題解決力を、研修期間という短期間で育成するために、以下のような新人研修ならではの視点からの取組みも併せて実施するようにしました。

① 新入社員としてあるべき人材に関する構成要件の理解
② 問題発見から課題設定に至るプロセスの理解と実践
③ 利き脳による多様な価値観の理解
④ 週間まとめによる改善サイクルの理解と実践
⑤ 社会人基礎力評価を通じた自己能力に関する問題解決の実践
⑥ 問題解決事例評価による良し悪しを見極める眼力の育成
⑦ 実習振り返りによるハイパフォーマーの行動特性の理解

　これらの取組みはどれも重要なものばかりなので、一通り説明していきます。

① 新入社員としてあるべき人材に関する構成要件の理解

　技術職向けの新人研修において育成しようとしている「仕事の基本が身について現場にスムーズに溶け込める人材」を形成するための構成要件を明確化して、この構成要件を全員で共有するとともに、この構成要件を達成するための取組みを実施していきました（図表3.5）。

　この構成要件は、仕事に取り組む姿勢を形成するための意識・スキル面と、学びの姿勢を形成するための学習・行動面の二面に分類されており、研修を通じて学んできた問題解決力を仕事で発揮し、更に高めていくために必要となる要素が網羅されています。意識・スキル面では、感性、動機、眼力、知力などの要素があり、学習・行動面では、習得、体験、習熟、実践などの要素があり、これらはより高い能力をもって仕事に臨むために必要な要素なのです。

② 問題発見から課題設定に至るプロセスの理解と実践

　一連の問題解決行動のなかでも、富士ゼロックスにおいて強化が叫ばれている問題発見から課題設定に至るプロセスを特に育成するために、問題解決フレームワークを活用した問題を発見するための思考回路と、ロジックツリーを活用した問題から実行施策を立案するための思考回路を、新入社員の頭の中に徹底的に組み込むようにしました（図表3.6）。

　このために、「私が目指す10年後のあるべき姿」を題材にした自己育成シナリオの作成や、ものづくり製作実習における活動経緯報告書の作成などを通じて、問題解決フレームワークとロジックツリーを検討して作成する機会を、研修中に何度も設定したのです。このなかでも、「私が目指す10年後のあるべき姿」は、自分自身の能力を高めていくための、自分自身に対する問題解決に実際に取り組むためのもので、自らの力で成長していくための自己成長エンジンを獲得するのに大いに役立ちます。

3.1 新人研修への導入

図表 3.5　新人研修で育成しようとしているあるべき人材の構成要件

【新入社員として期待されるあるべき人材像】
仕事の基本的な身につけて現場にスムーズに溶け込める人材

意識・スキル面

①感性：自分の貢献領域を感じとれる感覚
- 自分の得意分野を自覚する（本能・好奇心・自己実現）
- 自分が向かうべき方向性を自覚する

②動機：何とかしなければと思う心持ち
- 会社を取り巻く環境を認識する
- 会社が向かうべき方向性を認識する

③眼力：良し悪しを見極められる視点
- 一流と言われている実物（会社・人物）を直接見聞きして成功のポイントを体得する
- 優秀改善事例のケーススタディを通じて成功のポイントを体得する

④知力：データにもとづく事実・現象の理解力
- 現場データの存在場所・収集方法を体得する
- データをもとにして事実を見える化することの重要性を体得する

学習・行動面

①習得：新たな知見を素直に受け入れる好奇心
- 何事にも興味をもって前向きに傾聴する
- 学習したことを自分の言葉で納得する

②体験：学習した内容を直に実行する積極性
- 学習したことを身体を使って実感する
- 頭で理解しただけでは伝え切れない物事の勘所を認識する

③習熟：納得するまで何度も繰り返す向上心
- 学習したことが自分に身につくまで粘り強く努力する
- 他の人が納得する結果が出せるようになったことを自覚する

④実践：自己の技能を現場で役立てる貢献欲
- 現場の問題解決に自信をもって取り組む自負をもつ
- 問題解決力で現場を主体的にリーディングしていく勇気をもつ

157

第3章　問題解決教育の導入と展開

図表 3.6　問題発見から課題設定までのプロセスの概要

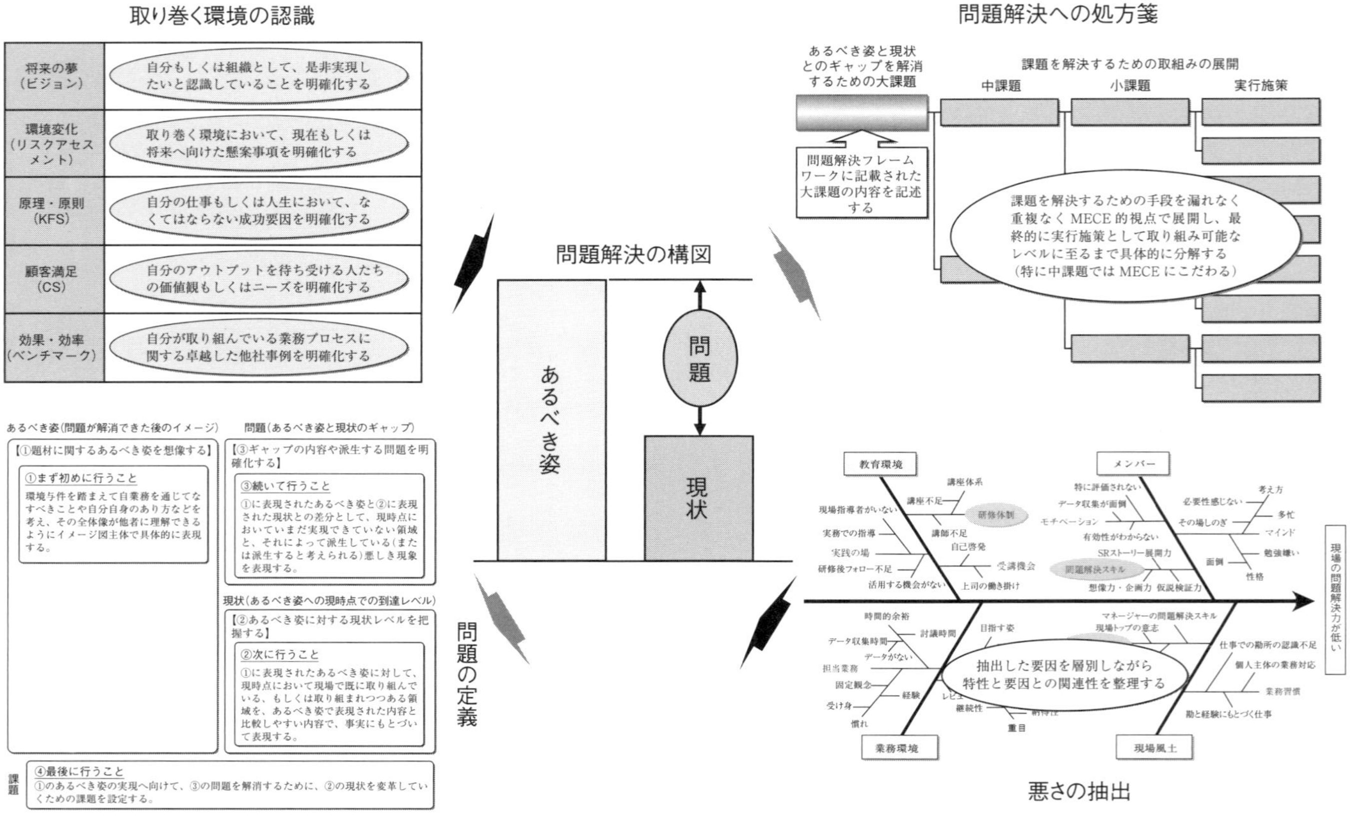

3.1 新人研修への導入

③ 利き脳による多様な価値観の理解

利き脳という言葉を初めて聞く読者の方もいると思いますが、これはハーマンモデルという学説をもとにして考えられた、コミュニケーションを理解するためにとても役に立つ、人の脳の構造と活用に関する考え方なのです。

利き脳とは、人の脳を前後左右に4分割して、その各領域の活用度合を診断することで、そのなかで最も活用していると特定された領域のことをいいます。人によって利き脳である領域が各々異なるのです(図表3.7)。ハーマンモデルの学説によれば、利き脳の各領域での脳の働きはものごとを考える際にすべて必要なものなので、いろいろな利き脳をもつ人たちが集まってお互いの考え方や価値観の違いを認め合い、更に融合していくことでより良い創造知を得られるといわれています。新人研修に関する教育効果の検証を通じてこの学説の正しさを確認した筆者は、新人研修において利き脳を活用したチームづくりを行うとともに、各チームメンバーの利き脳の相互理解を通じてチーム内コミュニケーションの活性化にこの利き脳を役立てています。

④ 週間まとめによる改善サイクルの理解と実践

週間まとめとは、月曜日から木曜日までの間に学んだことを踏まえて、自己の成長度合を毎週金曜日にレビューを通じて検証するための取組みです(図表3.8)。

前週末の金曜日のレビューを通じて次週へ向けた自己成長目標が設定され、この設定された目標を達成するための研修を通じた取組みが、次週の月曜日から木曜日に行われるのです。そして、再び次の週末の金曜日に、この一連の取組み結果と設定された自己成長目標との比較を通じて、取組みの良かった点と悪かった点に関するレビューを、週間まとめSRシートを用いて行うのです(図表3.9)。この結果を踏まえて、自己成長目標の達成度を評価するとともに、問題および課題を認識したうえで次週へ向けた自己成長目標を、自分とともにチームとして設定するのです。このように

第3章 問題解決教育の導入と展開

図表 3.7 多様な価値観を尊重して想像力を高めるための利き脳

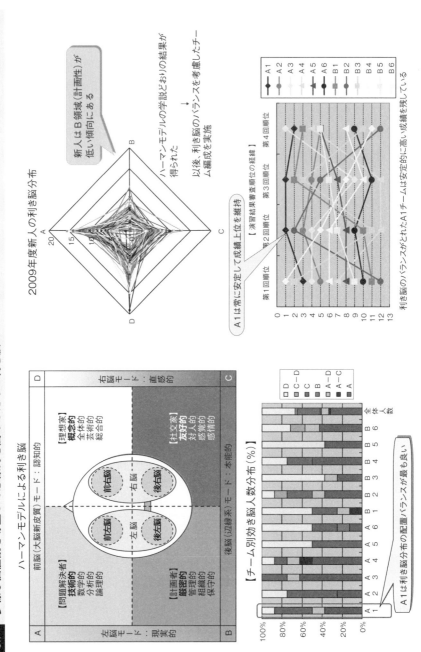

160

図表 3.8　週間まとめの進め方

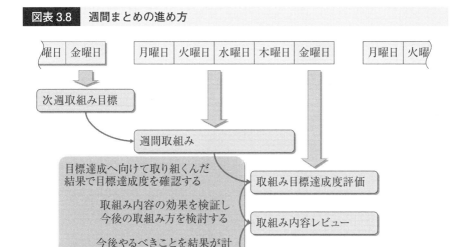

　自己成長を題材にして研修への取組み方を改善するという、改善サイクルを回すための訓練を毎週金曜日に経験するのです。新入社員たちは、この訓練を研修期間中に数回にわたって経験することで、レビューを通じた改善サイクルの回し方を徐々に習慣づけられていくのです。

⑤　社会人基礎力評価を通じた自己能力に関する問題解決の実践

　社会人基礎力とは、経済産業省が提唱している「考え抜く力」「チームで働く力」「前に踏み出す力」の3つの力で構成された総合的な力のことです。問題解決力を基軸にしてこの3つの力を32項目の評価基準に分解することで、筆者流の社会人基礎力評価基準を作成しました（図表3.10）。そして、この社会人基礎力評価基準を通じて新入社員の能力を定点観測できるようにすることで、週間まとめにおける自己成長度合の厳重把握データとしたのです。

　この社会人基礎力評価を週間まとめに取り入れることで、社会人として求められる能力が評価の都度頭の中に刷り込まれるとともに、データにも

図表 3.9　週間まとめで自己成長度合を確認するための SR シート

個人用	週間まとめ SR シート		氏名 ⇒ ****	
振り返りの観点	第1回目		第2回目	
取組み内容	S1		S2	
取組み結果	R1		R2	
良かった点 (継続すること)	G1		G2	
悪かった点 (改善すること)	B1		B2	
改善ターゲット (対象基礎能力)	B1		B2	

毎週金曜日に1週間の取組み内容と実施結果を次週に向けてレビューする

とづく現状把握と問題認識の訓練ができるという、2つのメリットがあります。社会人基礎力評価は自己他己評価と呼ばれる、自分が自分自身と他人の双方を評価する方式を採用しています(**図表3.11**)。このため、社会人基礎力評価を行うということは、評価基準そのものが新入社員に対する期待値を示していることから、単に結果を得るというだけでなく、新入社員に対する期待値を頭に刷り込んでいることになるのです。さらに、社会人基礎力評価を通じて、データを採取して、採取したデータを分析して、分析した結果を見える化する、という事実データをもとにして論理的に考えるための訓練ができるのです。例えば、チームごとに構成メンバーの社会人基礎力に関する平均値と標準偏差(ばらつき)を算出して、その結果を全チームで比較したときに、ほぼ同じ平均値のチームであっても標準偏差の

3.1 新人研修への導入

図表3.10　自己成長評価基準としての社会人基礎力

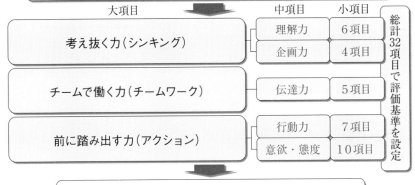

違いによって社会人基礎力の改善へ向けた取組み方が異なるなどの判断ができるようになることが大切なのです。標準偏差が小さいチームは全員を引き上げ、標準偏差が大きいチームは低い人を引き上げる、というような取組み方の違いを理解できるようになるための訓練が必要なのです。

⑥　問題解決事例評価による良し悪しを見極める眼力の育成

　問題解決力を高めていくには、他者が作成した問題解決に関する報告書を見て学ぶという方法があります。身の回りにはさまざまな問題解決に取り組んでいる人たちが数多く存在していますが、彼らのなかには自分が取り組んできた活動の成果を報告書という形でまとめ上げて、全体に共有してくれる人たちがいます。また、改善事例の発表会などにおいても、発表者の人たちが取り組んできた活動の成果がプレゼンという形で共有されます。このような形で共有されるさまざまな活動の成果を、しっかりと分析

第3章 問題解決教育の導入と展開

図表 3.11 社会人基礎力の自己他己評価結果による自己成長の認識

社会人基礎力評価結果

他己評価 　診断実施日 6月12日

基礎能力項目	① A	② B	③ C	④ D	⑤ E	⑥ F	⑦ G	⑧ H	⑨ I	⑩ J	各項目スコア平均値
問題発見、課題設定	3.9	3.4	3.4	4.5	4.3	3.6	3.9	3.5	3.1		3.7
問題分析	3.5	3.4	3.4	4.4	4	3.4	3.5	3.3	3.1		3.6

自己評価 　診断実施日 6月12日

自己・他己評価結果の集計ツールを使用

社会人基礎力評価結果

社会人基礎力の構造

大分類	中分類	基礎能力項目
考え抜く力	理解力	問題発見、課題設定
		問題分析
		知識
		経験
		意見
		状況
	企画力	企画
		創造
		計画
		仮説
チームで働く力	伝達力	意見
		プレ…
		他者
		影響
		意見
行動力		職務
		組織
		トラ…
		業務
		定着
		継続
		意見

【社会人基礎力の他己評価チーム間比較】

平均値 / 標準偏差

A1 3.36 / A2 3.33 / A3 3.19 / A4 3.22 / A5 3.70 / B1 3.54 / B2 3.49 / B3 3.37 / B4 3.43 / B5 3.37 / B6 3.43 / 全体 3.70 / 3.43

各新人は自己評価とチームメンバーからの他己評価との比較を通じて自分の強みおよび弱みを定量的に事実認識することで、自己成長へ向けた次週以降の取組み目標と課題を設定する。

することが問題解決力を高めるのに役立つのです。この分析を積み重ねることで、活動の良し悪しを見極める眼力が育成されるのです。

新人研修期間中には、ものづくり製作実習での活動報告を始めとして、新入社員たち自らによって 100 件を超える活動報告が、さまざまな発表会を通じて逐次共有されるのですが、この発表会を活動の良し悪しを見極める眼力を育成するための場としたのです。新入社員たちは一つひとつの発表を聞きながら、発表されている活動内容の良し悪しを以下のような評価基準に則って、各項目 20 点満点、5 項目全体 100 点満点でその場で評価していくのです(図表 3.12)。

- 現状がデータで良く見える化されているか。
- なぜなぜを繰り返して真の問題を見出しているか。
- ストーリーが論理的で全容が理解しやすくなっているか。
- 報告資料は適切な表現方法を活用して見やすくなっているか。
- 報告者のプレゼンは聞き入れやすい話し方になっているか。

この評価は自己他己評価の方式で行われ、全員がすべての発表内容を評価したうえで、チームごとに各発表内容の平均値を算出することで評価点が決定するのです(図表 3.13)。

このようにすることで、自チームの発表内容に関する評価点である自己評価点と、他チームの発表内容に関する評価点である他己評価点が、各々チームごとに出揃うのですが、この自己評価点と他己評価点との相関度合が眼力を示す情報として活用できるのです。すなわち、両者の相関度合が高ければ自己評価点と他己評価点との一致性が高いと判断できることから、眼力が高いと評価することができるのです。逆に、両者の相関度合が低ければ自己評価点と他己評価点との一致性が低いと判断できることから、眼力が低いと評価することができるのです。このような考え方で両者の相関係数(関係の強さを表す指標)の推移を追ってみると、研修当初は低かった相関係数が徐々に向上していき、研修後半に入ると 0.7 というとても高い相関係数を示すようになるのです。まさに、研修を通じて新入社員たちの問題解決力が高まるにつれて、活動内容の良し悪しを判断する眼力が高

第3章　問題解決教育の導入と展開

図表3.12 眼力を養うための事例発表自己他己評価

発表評価結果

評価チーム

評価ポイント	A1	A2	A3	A4	A5	A6	B1	B2	B3	B4	B5	B6	平均	標準偏差
①現状がデータで良く見える化されているか														
②なぜなぜを繰り返して真の問題を見出しているか														
③ストーリーが論理的で全容が理解しやすくなっているか														
④報告資料は適切な表現方法を活用して見やすくなっているか														
⑤報告者のプレゼンは聞き入れやすい話し方になっているか														
評価点														
評価順位														

評価基準	評点
①まったくそのように思えない(ほとんど伝えられていないレベル)	0
①と②の中間レベル	5
②そのように思える(何とか伝えられているレベル)	10
②と③の中間レベル	15
③問題なくそのように思える(良く伝えられているレベル)	20

チーム	評価点	評価順位	参考になった点	From チーム	アドバイスしたい点
A1					
A2					
A3					
A4					
A5					
A6					
B1					
B2					
B3					

評価理由

事例発表は全チームが実施するが、各チームメンバーは他チームへの他己評価とともに自チームの自己評価を実施することで、問題解決ストーリーを評価する眼とプレゼンスキルを養う。

3.1 新人研修への導入

図表 3.13　事例発表自己他己評価結果の推移

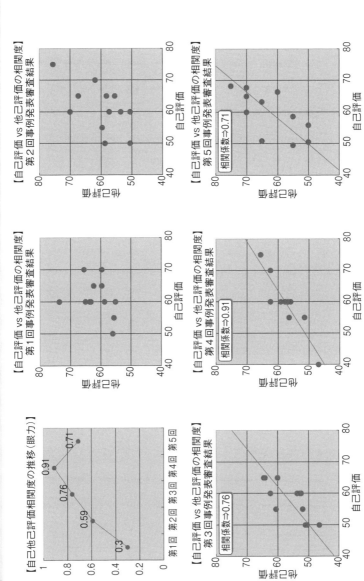

事例発表審査の回を重ねるごとに自己評価と他己評価との相関度(一致性)が向上していることから、問題解決の観点から事例を見る新人の眼力が徐々に高まってきていることが窺える。

まっていることがわかるのです。

⑦ 実習振り返りによるハイパフォーマーの行動特性の理解

　個人としてだけではなく、組織としての成果につながる問題解決行動に取り組むためには、周囲に取り巻く関係者を巻き込むとともに、チームとしての活動に自ら積極的に関与していく姿勢が必要不可欠です。ものづくり製作実習は問題解決行動を実践するための教育コンテンツであることから、ものづくり製作実習を通じて、特にチーム活動への関与度合を確認できるようにしておくとともに、ロールモデルとしてのあるべき姿を全体共有しておくことが大切なのです。

　このために、ものづくり製作実習の終了後に以下のような自己評価を実施して、今後の取組みに反映できるようにしたのです（**図表3.14**）。

- 実習を通じてパフォーマンスを発揮できたか。
- 実習を通じて問題解決スキルを実践できたか。
- 問題解決に取り組んでいけると実感したか。
- どのような行動をとり、どのような役割を果たしたか。
- 他のメンバーはどのような働き掛けを行っていたか。
- 課題として今後取り組んでいくべきと感じたことは何か。

　なかでも、他のメンバーが行っていた働き掛けについては、「最も」「次に」「まあ」といった形で、印象に残った人のベスト3について、「氏名」「具体的な行動・言動」「印象に残った理由」をリストアップしてもらうようにしました。

　こうすることで、ベスト3に関するイメージが頭の中に浮かび、記憶として定着しやすくなるのです。さらに、新人全員がリストアップしたベスト3に関する全データを分析することで、そのなかの上位得票者に関する具体的な行動・言動や印象に残った理由を整理することで、この結果をハイパフォーマーのあるべき姿として新入社員全員にフィードバックできるのです（**図表3.15**）。

3.1 新人研修への導入

図表 3.14　実習でのパフォーマンスを評価する実習振り返り

実習振り返りシート			チーム名	＊＊チーム	
紙ブーメラン／ストロー橋／課題抽出総合演習			氏名		

振り返り項目	十分できた (5)	かなりできた (4)	できた (3)	ややできた (2)	できなかった (1)
①今回の実習を通じてパフォーマンスが発揮できましたか？					
1) 自分の気持ちや意見をどの程度述べることができましたか？					
2) 他者の気持ちや意見をどの程度きく（聞く・聴く）ことができましたか？					
3) グループワークに参加している実感をどの程度もつことができましたか？					
②今回の実習を通じて問題解決スキルが実践できましたか？					
1) ロジックツリーを活用してあるべき姿を想像することができましたか？					
2) Excelを活用してデータを分析することができましたか？					
3) Power Pointを活用して情報を共有する手法を適切に活用することができましたか？					
4) 活動を進めていくなかでQC手法を適切に活用することができましたか？					
5) PDCAを回してQCストーリーを展開することができましたか？					
6) SRストーリーで活動経過を整理することができましたか？					
③今回の実習のなかで問題解決に取り組んでいけると実感できましたか？					
④グループワークのなかでどのような行動をとり、どのような役割を果たしましたか？					
⑤グループワークのなかで他のメンバーはどのような働きかけを行っていましたか？					

	対象者氏名	理　由
最も印象に残った人 ⇒ Aさん	具体的な言動・行動・行動に印象に残った理由	実習を通じて発揮したパフォーマンスとスキルをこのシートを用いてレビューするとともに、他メンバーの活動を見て印象に残った行動と理由を再認識する。
次に印象に残った人 ⇒ Bさん	具体的な言動・行動・行動に印象に残った理由	
まあ印象に残った人 ⇒ Cさん	具体的な言動・行動・行動に印象に残った理由	
⑥今回の実習を通じて今後取り組んでいくべきと感じたことは何ですか？		

図表 3.15 ハイパフォーマー事例のフィードバック

実習振り返り結果（6月4日）

項目	A1	A2	A3	A4	A5	A6	B1	B2	B3	B4	B5	B6	ALL
①パフォーマンス	3.11	2.44	2.78	3.06	2.63	2.56	2.33	2.75	2.56	2.56	1.80	2.80	2.62
1）述べる	3.44	2.56	3.44	3.08	2.67	2.78	2.78	3.56	3.11	2.78	2.90	2.90	3.00
2）きく（聞く・聴く）	3.33	2.89	3.11	3.08	3.22	3.00	2.67	3.11	3.33	2.89	3.20	2.80	3.05
3）グループワーク	3.56	2.78	3.44	3.10	2.78	2.67	3.33	3.22	3.56	3.33	3.10	3.20	3.17
②問題解決スキルの実践	2.78	1.75	3.00	3.03	2.75	1.78	2.56	2.63	2.56	3.22	1.80	3.30	2.60
1）ロジックツリーの活用	2.78	2.00	3.11	3.10	2.44	1.56	2.38	2.44	2.22	3.33	1.60	2.80	2.48

		実習を通じて最も印象に残った人およびその理由
2）Excel の活用	A	PLとしてチームをうまくまとめた。人の話をよく聞いた。
3）PowerPoint の活用	A	行動：橋の設計・製作において、筋の通ったアイデアを数出したところ。理由：このアイデアにより品質を大きく向上できたので。
4）QC手法の活用	A	設計部部門を大学で培ってきた知識を活用し引っ張っていった。結果、二次競技会において好成績を収めることにつながった。
5）PDCAによる活動展開	A	率先して設計のリーダーシップをとっていた。
6）SRストーリーでの活動整理	I	設計担当として2号機の設計、試験、改善に数多くのアイデアを出してくれた。
③問題解決への取組み	I	設計の主担当という役割をまっとうしていた。三次元的設計を行ううえで、活躍してくれた。
全項目平均	Y	設計、製作すべてにおいて率先していた。またレビューもがんばっていた。
	S	具体的な案を提示したり、作成においても重要な役割を担っていた。
	H	プロジェクトリーダーとして、重要決定事項があるときの判断をしてくれた。
	E	全体の流れを把握して、性能のよいストロー橋づくりをリードした。
	E	この内容を新人全員へフィードバックすることで、週間まとめの現状データや目標とするあるべき人材像のイメージづくりなどに役立てる。

3.1 新人研修への導入

◆**実施結果と今後の進め方**

　このようにして、筆者が取り組んできた富士ゼロックスでの問題解決教育の展開は、技術職向け新人研修での問題解決教育を皮切りにして本格的にスタートしたのですが、この展開も筆者が退職する時点で早くも9年を経過しました。この間の取組みを通じて、技術職向け新人研修を現場にスムーズに溶け込める即戦力人材を育成する場とするために、単に問題解決教育プログラムによる教育だけではなく、配属後に彼らが何年もかけて経験するようなことを研修中にできるだけ数多く体験させることで、現場で役立つ実践的な問題解決力を身につけられるようにしました。この結果、技術職向け新人研修を受講した新入社員たちは、現場で働いている社員に引けをとらないくらいに、数多くの改善サイクルを回して、数多くの問題解決事例を目にして、そして数多くの問題解決を経験してきた人材として、自信をもって配属された現場に出向いていけるようになったのです。

　このような新入社員を受け入れた側の配属先の上司は、配属1年後の時点で、彼らは問題解決に積極的に取り組んでおり、既に現場で役立っていると評価しています。また、技術分野を管掌しているある役員は、「近頃の新入社員が作成してくる資料は一味違う。年配社員の資料はやたらページ数が多くて、数多くのグラフなどが使われているけど、何が言いたいのかよくわからないのに比べて、彼らの資料はとてもよくわかる」と言っていました。

　そして、この教育を受講した新入社員が既に1千人を超えるようになり、第1期生は立派な中堅社員として現場の第一線で活躍するようになっています。さらに、この教育を受講した入社3年目のかつての新入社員が、職場に配属されてくる新入社員のOJTトレーナーになることが仕組み化されるようになり、現場の実務を通じて先輩社員が後輩社員に問題解決を語り伝えるという、当初狙いとしていた教え学べる現場づくりが着々と進展しています。一方で、社内環境の変化などにより、問題解決以外の領域に関する教育の必要性も高まっていることから、1カ月を超える長期にわ

たって実施してきた技術職向け新人研修での問題解決教育も、近年になって効率化による期間短縮が迫られる事態になってきました。筆者が退職した後の情報によれば、最盛期の約半分である3週間程度の期間で実施されるようになったそうです。

このような時代の変化によって、富士ゼロックスに在職していた筆者が長年にわたって取り組んできた技術職新入社員向け問題解決教育も、徐々に現場教育として実務を通じて行われるようになることで、教育本来の姿に移り変わっていくのだと思います。

3.2 現場への展開

◆技術職向け新人研修の波紋

2007年度以降に新入社員として入社した人たちは、技術職向け新人研修における問題解決教育プログラムを通じて、仕事の基本としての問題解決力を体系的に学ぶことができるようになったのですが、次に考えなければならなかったことは、2007年度以前に新入社員として入社した人たちへの対応でした。この人たちは、技術職向け新人研修のような問題解決教育を受講する機会を与えられることなしに、現場の実務を通じて、多くの損失コストを発生させながら、長い年月をかけて痛い思いをしながら、現場経験という形で自分なりに問題解決力を身につけていかざるを得ない状況に置かれていたのです。ところが、このようにして身につけた問題解決力は、考え方や進め方に関して他の人たちとの共通性に乏しい、ほとんどが自己流な内容であったことから、社員個々が自分勝手なやり方で問題解決に取り組んでいるような状態だったのです。極端な言い方をすれば、自分が問題解決に取り組んでいるとその人たちが思っただけで、たとえどのような取組み方をしていようと、それは問題解決に取り組んでいたことになってしまっていたのです。ここでは全体で共有された正しい進め方も何もなく、自己流で取り組んできた経験だけで問題解決力の有無が語られて

いたのです。さらに、皮肉なことに、このような状態の問題解決力であったとしても、長い時間を費やしてそれがやっと身についた頃には、高い能力をもつ人材であるほど既に現場の第一線を退いている、といったような状態になっていたのです。このような状況では、高い問題解決力をもつ現場になることなど望むべくもありません。

　このような状況は何も富士ゼロックスだけに特徴的に見られるようなものではなく、筆者がさまざまな企業との交流を通じて認識している限りにおいては、ほとんどといってよいくらいどこの企業でも見られるのです。ところが、どの企業においても、このような事態が望ましくない状態であるとの問題認識に乏しく、問題認識されていたとしてもどうしようもないことだとあまり問題視されることがなかったのです。とはいっても、たとえ現場の問題解決力が低い状態であったとしても、現状の企業活動が見た目に順調に進んでいて、企業業績が右肩上がりで進捗しているような経営状況なら、それはそれで良いのかも知れません。問題解決のことなど知らなくても、自分が担当している仕事を行うために必要な知識さえもっていれば、どのような仕事でもそれなりに遂行できるのです。トラブルの再発など、どれほど多くのムダを発生させていたとしても、それを上回る利益を獲得できれば業績は黒字になることから、ムダがムダとして感じにくくなってしまうのです。でも、ここで考えなければならないことは、このムダをより少なくできればもっと多くの黒字が出るだけでなく、顧客満足を獲得できたかも知れないことなのです。

　このような望ましくない状態であった富士ゼロックスの開発生産の現場に、仕事の基本としての問題解決力を体系的に学んできた技術職の新入社員を、2007年度以降毎年送り出しました。そして、取り組み始めて3年が経過した2010年度に、新入社員に対する問題解決教育が軌道に乗り始めたことを一つの節目として、次の段階へ飛躍することを狙いにした本格的な活動レビューを実施することになったのです（**図表3.16**）。この活動レビューにおける現状把握の一環として、技術職向け新人研修を受講して現場に配属された新入社員に対して、以下のような調査を面談によるヒアリ

図表3.16 技術職向け新人研修に関する2010年度レビュー結果

【良い点】
3年次研修の受講時点では、技術職向け新人研修受講者の研修受講効果が確認できた。

↓

【これからも継続していくこと】
①受講研修効果の更なる向上へ向けて内容の充実を図りつつ、技術系新人研修の継続実施と他職種への展開

↓

【悪い点】
現場でのヒアリングでは、技術系新人研修受講者のスキルが十分に活かされていないことが判明した。

↓

【原因として認識していること】
- 技術職向け新人研修で実施されている教育内容が現場に周知されていない。
- 現在の現場の全体的な問題解決スキルが技術系新人研修受講者に見合ったレベルになっていない。

↓

【これから改善していくこと】
②2011年度新人研修の実施内容に関して現場との共有ならびに活動連携の強化
③問題解決研修の展開を通じた現場での問題解決スキルの底上げおよび現場実践キーパーソンの発掘と育成

ング形式で実施したのです。

- 技術職向け新人研修は有意義であったのか。
- 現場での実務を通じて問題解決力を発揮しているのか。

この結果、新入社員の多くが、「技術職向け新人研修は有意義であったにもかかわらず、研修で身につけた問題解決スキルを現場の実務で十分に活かすことができていない」という認識をもっていることが判明したのです。現場サイドが配属された新入社員は役に立っていると評価しているのとは裏腹な結果でした。しかも、その理由が上司のマネジメントのあり方に起因していることもわかったのです。そして、更なる現状把握によって、その原因が以下のようなものであることが判明しました。

- 技術職向け問題解決研修で教育している内容が現場に周知されていない。
- 現場の問題解決スキルが新入社員に見合ったレベルになっていない。

活動レビューを通じて事実としてわかったことは、教育する側と教育される側の双方に改めるべき点があるとして、次に挙げる取組みを現場と連携して実施していくことにしました。

- 技術職向け新人研修を継続実施するとともに、他職種への展開を図る。
- 技術職向け新人研修で実施している教育内容を現場と共有する。
- 問題解決教育を現場に展開するとともに現場実践キーパーソンを育成する。

このようにして、技術職向け新人研修を通じて実施してきた問題解決教育への取組みが、現場を動かすことになったのです。

◆展開へ向けた準備

技術職向け新人研修を皮切りに取り組んできた問題解決教育が引き金となり、「現場の問題解決力が低い」という望ましくない状態が共有すべき事実として浮き彫りになり、現場への問題解決教育が展開されることになったのです。この展開に先立って、筆者は「現場の問題解決力が低い」という事実を真摯に捉えて、このような事態が発生したことに関するなぜなぜを、現場の関係者とともに繰り返しながら徹底的に実施したのです（図表3.17）。そして、この結果を特性要因図にまとめて見える化したうえで、現場の関係者と更なる議論を重ねた結果、望ましくない状態を生み出してしまう現状を次のように共有できたのです。

- **メンバー**に関する悪さ：問題解決に関するスキルやマインドが低い。
- **現場風土**に関する悪さ：マネジメントや業務習慣が問題解決的でない。
- **業務環境**に関する悪さ：方針展開や担当業務にあいまいな部分がある。
- **教育環境**に関する悪さ：教育体制や実践の場が整備されていない。

そして、教育環境に関する悪さについては筆者を始めとする教育部門が主体となって、その他の項目に関する悪さについては現場が主体となって、

第3章　問題解決教育の導入と展開

図表 3.17 現場の問題解決力が低いことに関するなぜなぜ（図表 2.34 の再掲）

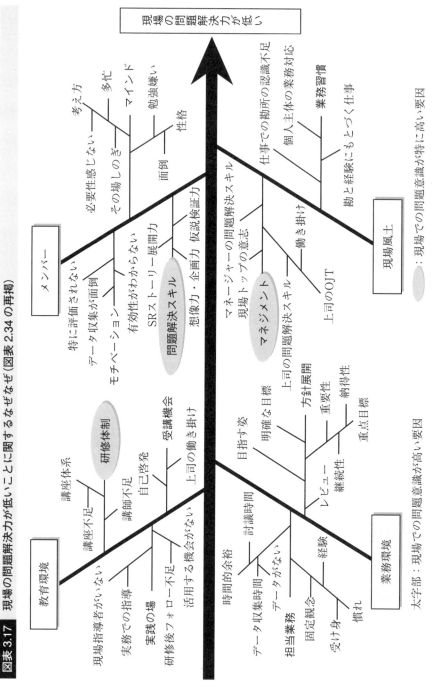

各々連携した活動として取り組んでいくことになったのです。これによって、問題解決教育の現場への展開が、教育部門が単に現場への問題解決教育に取り組むという対症療法的な現場教育活動に終わらず、現場と連携して問題解決力の育成と実践に取り組むという根治療法的な現場変革活動になったのです。このような経緯を踏まえて、筆者を始めとする教育部門が主体となって取り組むことになった教育環境に関する悪さの領域に対して、問題解決教育を全社展開していくことを視野に入れた取組みに着手しました。

まず、問題解決教育を全社展開していく際に留意しておかなければならない環境与件を、将来の夢、環境変化、原理・原則、顧客満足、効果・効率、という5項目の観点から検討したのです(図表3.18)。

この検討を通じて、問題解決教育を全社展開していくためのあるべき姿に反映すべき必要要件が、以下のように認識できたのです。

- **将来の夢**：自社の事業基盤を形成するために必要とされる人材が必要
- **環境変化**：新規事業を成功に導くスキルとして問題解決力が必要
- **原理・原則**：人材育成には体系的かつ一貫した取組みが必要
- **顧客満足**：単なる知識習得でなく現場業務に役立つ教育が必要
- **効果・効率**：社員の全階層にわたる教育の整備が必要

◆現場の巻き込み

まずは、問題解決力は仕事の基本としてすべての階層の社員にとって必要不可欠なスキルであるとの認識から、自社の事業基盤を形成する人材に求められる共通要件として、各社員階層において求められる問題解決行動を明確にしました。そして、この共通要件を踏まえて、新入社員から管理職に至るまでの各社員階層に対して問題解決教育プログラムを以下のようなレベルに応じて用意することで、社員階層に応じた問題解決力を一貫した形で育成すべきと考えました(図表3.19)。

- **新人**：基盤スキルを習得(新人研修)

図表 3.18　問題解決教育全社展開へ向けた環境与件の検討

将来の夢 （ビジョン）	・自社の事業基盤を形成するために必要とされる人材を育成する。 ・すべての社員の人材育成に役立つ教育環境を提供する。 ・必要な人が必要なときにどこにいても学習できる教育システムを構築する。
環境変化 （リスクアセスメント）	・自社の経営を支えていた複写機のビジネスモデルが崩れてきている。 ・自社の新規事業領域であるソリューションビジネスを成功に導く主要なスキルとして問題解決力が求められている。
原理・原則 （KFS）	・人材育成は体系的にかつ長期的に一貫して取り組まなければならない。 ・教育目的が明確で実施効果を検証できなければならない。 ・受講者どうしが触発し合えなければならない。
顧客満足 （CS）	・お客様の課題解決に貢献できる人材が求められている。 ・単なる知識習得でなく現場業務に役立つ教育が求められている。 ・考える力を育成する教育が求められている。
効果・効率 （ベンチマーク）	・××社では社員の全階層にわたって教育プログラムがラインナップされている。

問題解決教育全社展開に関するあるべき姿の想像

- **3〜5年次**：実践スキルを習得（年次研修）
- **中堅&リーダー**：体系的にスキルを再構築（中堅社員研修）
- **マネージャー**：組織展開スキルを習得（マネジメント研修）

そして、問題解決教育プログラムの内容を社員階層が高まるにつれて、

　スキル習得→現場実践→組織強化

という観点を重視したものに変えていくことで、問題解決の基本は一貫した形で何度も繰り返しながら、社員階層の変化に対応した問題解決教育を実施していけるようにしたのです。

一方、このような新入社員から始まる一貫した育成をなされることなく、既に上位の社員階層で仕事をしている社員に対しては、これまでの現場経

3.2 現場への展開

図表3.19 問題解決教育全社展開へ向けたあるべき姿の想像

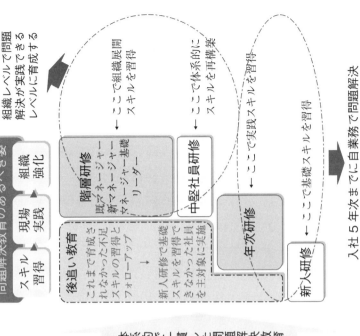
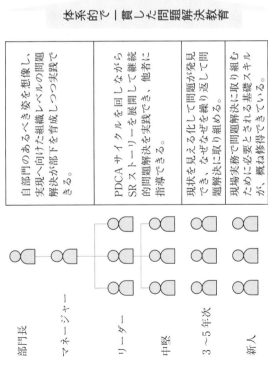

験を尊重したうえで、今さら後戻りする形で問題解決教育を受講させる必要はないと判断したのです。しかし、きちんとした問題解決教育を受講していないことも事実なので、問題解決に関する共通言語を獲得するとともに、風土化に向けてのマインドを形成するという狙いで、仕事への負担を必要最小限に抑えた１日コースの研修を企画することにより、この研修を後追い教育として彼らに適用していくようにしたのです。

　このようにすることで、新人から始まる一貫した問題解決教育を全社展開していくための教育体制の骨格が出来上がったのです。そして、このような教育体制の骨格にもとづいて、体系的で一貫した問題解決教育を実施していくためのあるべき姿を想像したのです。

　この一連の検討結果を問題解決フレームワークによって整理することで、あるべき姿の実現へ向けて現状を変革していくための取組みの全体像を見える化して、変革の構図を関係者と共有できるようにしたのです。そして、この変革の構図を関係者と共有していく過程におけるさまざまな議論を通じて、現場の人たちの理解を得やすいシンプルなコンセプトとして、変革の構図を**図表3.20**のように表現しました。

　問題発見や問題解決の議論が職場で巻き起こらないという現状を、日常的に問題発見や問題解決の議論が職場で行われているという本来あるべき姿に変革する。このようなシンプルなコンセプトにすることで、変革というもっともらしくて曖昧な概念を、わかりやすい具体的なイメージで伝えることができるようになるとともに、変革の実現度合が誰にとっても実感しやすくしたのです。そして、この変革へ向けた取組み課題を、体系的で一貫した問題解決教育プログラムの整備拡充と各社員階層への確実な教育の展開としたのです。

　このようにして作成した問題解決フレームワークを用いて、富士ゼロックスの社長を始めとするあらゆる人たちに対して、自分が描いている変革の構図を説明しながら、取組みへの巻き込みを図ったのです。これからやろうとする取組みについて関係者からの理解や納得を得るとともに、特に経営者層や現場のトップマネジメント層に対しては取組みへの支援や協力

3.2 現場への展開

図表 3.20 問題解決全社展開へ向けた問題解決フレームワーク

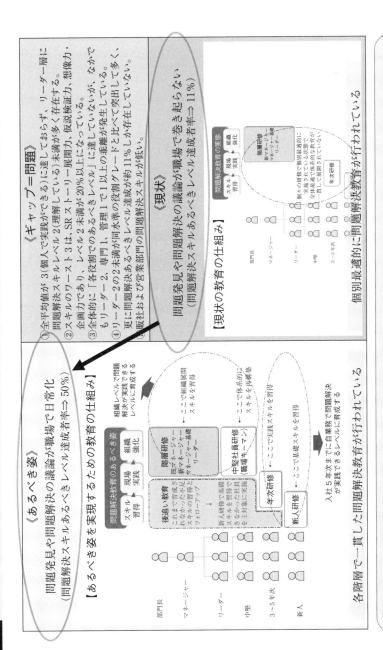

課題 ⇒ 体系的で一貫した問題解決教育プログラムの整備充実と各社員階層への確実な教育の展開

を要請する際に、この問題解決フレームワークが大いに役立ちました。

そして、問題解決フレームワークで描いた変革の構図を実現するための処方箋として、ロジックツリーを活用することで、変革へ向けた取組み課題を漏れなくダブリなく構造的に分解しながら、取り組むべき実行施策を検討したのです(図表3.21)。この際、問題解決教育の推進にあたっては、現場が変革に取り組む主役であり、教育部門はその実現を支援する脇役であり、この結果として後世に残すべき財産は教え学べる現場である、ということを念頭に置いたのです。

この一連の検討を通じて、変革へ向けた取組み課題を解決していくためは、次に挙げる5つの方向からの取組みが必要であることが明確になりました。

- **年次階層プログラムへの展開**：各社員階層の全社員が必須受講するプログラムの一環として実施
- **スキル教育プログラムの整備充実**：必要となる問題解決教育プログラムのバリエーションを品揃え
- **問題解決研修トレーナーの育成**：問題解決を教育する研修トレーナーを現場のなかから発掘して育成
- **問題解決研修受講後の現場実務を通じた実践支援**：教育受講後に実務で問題解決を実践する際に必要な諸支援の実施
- **問題解決スキルレベルの把握**：教育受講や実務実践を通じて培われたスキルレベル測定の実施

この5つの方向からの取組みを相互連携をとりつつ実施していくためには、具体的にどのような形で問題解決教育を展開していかなくてはならないのかを関係者全体で共有しておくことが重要です。このため、「現場の問題解決力が低い」ことに関する特性要因図に立ち戻って、教育環境の領域にリストアップされている要因のなかから原因を特定するための要因検証を実施したのです。その結果、以下の要因が結果の悪さに影響を及ぼしている原因として特定できました(図表3.22)。

- **受講機会**：受講機会が少ないと問題解決力が低い傾向

3.2 現場への展開

図表 3.21 問題解決教育全社展開へ向けたロジックツリー

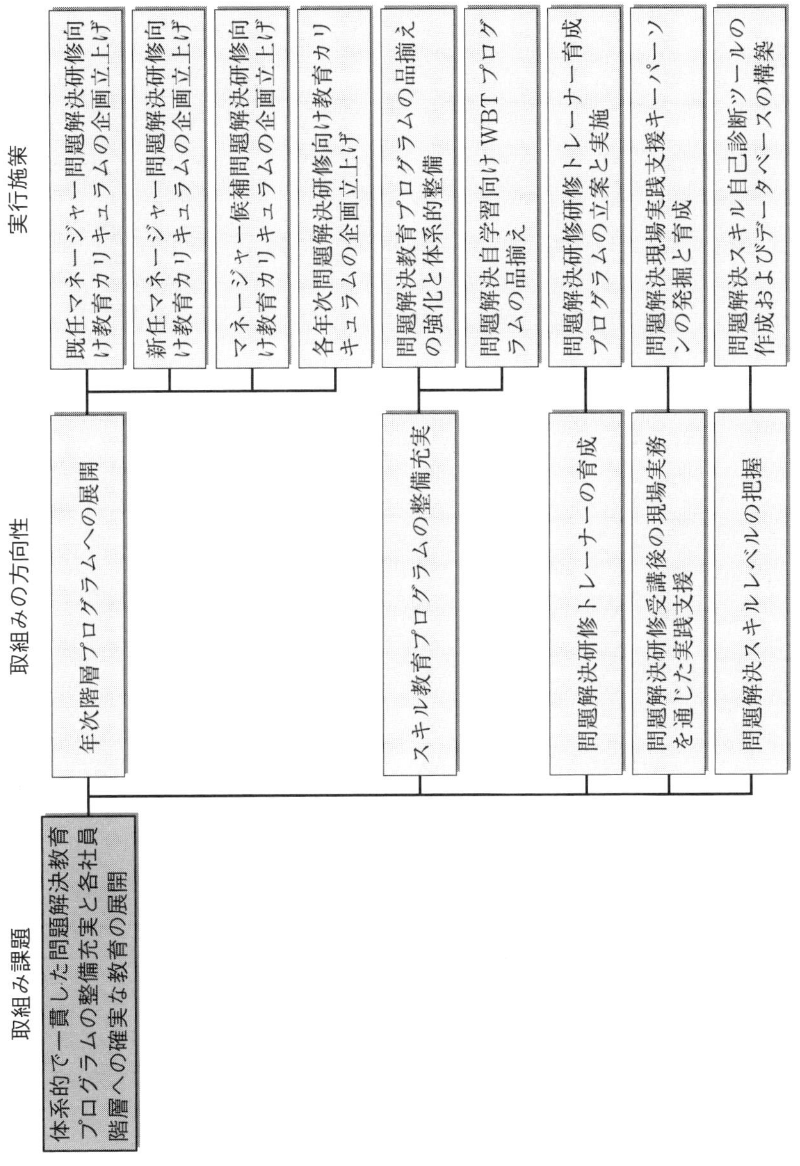

取組み課題／取組みの方向性／実行施策

取組み課題：
- 体系的で一貫した問題解決教育プログラムの整備充実と各社員階層への確実な教育の展開

取組みの方向性と実行施策：

- 年次階層プログラムへの展開
  - 既任マネージャー問題解決研修向け教育カリキュラムの企画立上げ
  - 新任マネージャー問題解決研修向け教育カリキュラムの企画立上げ
  - マネージャー候補問題解決研修向け教育カリキュラムの企画立上げ
  - 各年次問題解決研修向け教育カリキュラムの企画立上げ

- スキル教育プログラムの整備充実
  - 問題解決教育プログラムの品揃えの強化と体系的整備
  - 問題解決自学学習向けWBTプログラムの品揃え

- 問題解決研修トレーナーの育成
  - 問題解決研修トレーナー育成プログラムの立案と実施

- 問題解決研修受講後の現場実務を通じた実践支援
  - 問題解決現場実践支援キーパーソンの発掘と育成

- 問題解決スキルレベルの把握
  - 問題解決スキル自己診断ツールの作成およびデータベースの構築

183

第3章 問題解決教育の導入と展開

図表 3.22 要因検証による原因の特定（図表 2.35 の再掲）

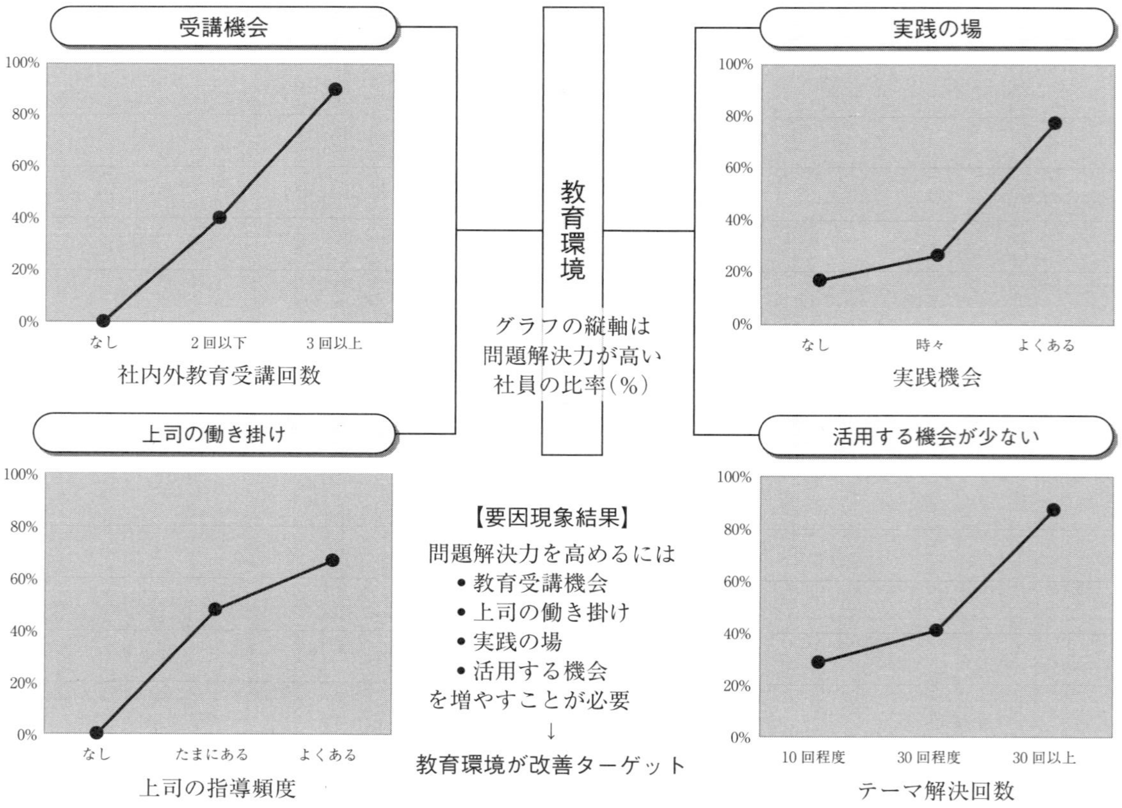

［要因現象結果］
問題解決力を高めるには
- 教育受講機会
- 上司の働き掛け
- 実践の場
- 活用する機会

を増やすことが必要
↓
教育環境が改善ターゲット

グラフの縦軸は問題解決力が高い社員の比率（％）

教育環境
- 実践の場（なし／時々／よくある）：活用する機会が少ない
- テーマ解決回数（10回程度／30回程度／30回以上）
- 受講機会（なし／2回以下／3回以上）：社内外教育受講回数
- 上司の働き掛け（なし／たまにある／よくある）：上司の指導頻度

184

- **上司の働き掛け**：上司の働き掛けが少ないと問題解決力が低い傾向
- **実践の場**：実践の場が少ないと問題解決力が低い傾向
- **活用する機会**：活用する機会が少ないと問題解決力が低い傾向

この結果から、教育の受講機会を数多く設定することは当然のごとく必要なこととして、それとともに受講して現場に戻ったときに、上司の働き掛け、実践の場、活用する機会などを通じて、学んだことを現場の実務で役立てられるようになっていることも、とても重要な要素であることがわかりました。

現場に問題解決教育を展開しようとすると、問題解決教育を実施すること自体が目的となってしまいがちです。しかし、問題解決教育を実施することはあくまでも手段であり、あくまでも目的は「現場の問題解決力が低い」という望ましくない状態を是正することなので、くれぐれも手段と目的を履き違えないようにしなければならないのです。このような手段と目的の履き違いが問題解決教育の効果をないものにしてしまうので、単に教育プログラムの内容だけでなく、受講後の現場での対応も含めて問題解決教育の展開を考えていくことが重要なのです。

さらに、受講機会が多くなると現場の問題解決力が高くなることが要因検証でわかってはいても、どのような内容による教育の受講機会を多くすれば良いのかがわからなければ、問題解決プログラムを立案しようがありません。そこで、問題解決に関する10項目スキルをもとにした問題解決スキル診断基準を作成して、現場の問題解決スキルに関する現状把握を実施したのです。この結果、問題解決力を強化するポイントとして、問題解決に関する10項目スキルのなかでも他のスキルと比べて相対的にレベルが低い、次に挙げるワースト5スキルが確認できたのです（図表3.23）。

- **SRストーリー展開力**：過去→現在→未来の推移を、やり方と結果を対比したストーリーで説明する能力
- **リーダーシップ力**：自ら関係者に働きかけ、関係者のモチベーションを高めて協働のマインドをもたせる能力
- **想像力・企画力**：問題のない仕事・職場・仕組みなど、将来に向け

第3章 問題解決教育の導入と展開

図表 3.23 問題解決力強化のポイント

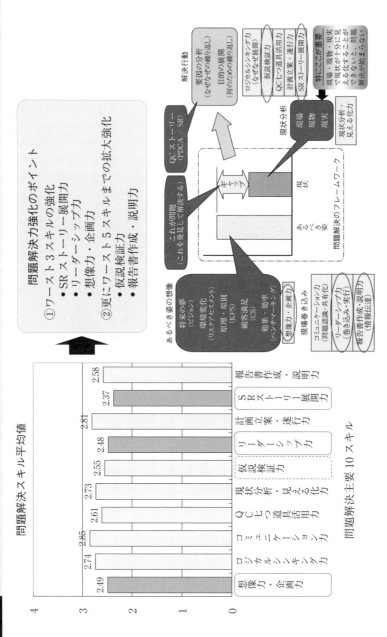

てのあるべき姿が描ける能力
- **仮説検証力**：推測したことをデータにもとづく事実で裏付けをとる能力
- **報告書作成・説明力**：改善活動をドキュメントとして表現して関係者に適確に伝える能力

そこで、このワースト5スキルをターゲットとして、会社全体として問題解決に関する共通の考え方を学ぶとともに、当時の富士ゼロックスにおいて問題認識されていた「問題を発見する力が弱い」ことに対処するために、
- 問題解決に関する基礎知識と共通言語の獲得
- 問題解決の全社風土化に向けたマインドの形成

の実施の狙いを設定したうえで、問題発見研修と名づけた研修を企画したのです。

さらに、研修規模は現場の負担を必要最小限に留める1日コースとして、以下のような演習主体の教育内容にしました。
- 問題解決に関する基礎を講義で学ぶ。
- 特性要因図の作成〜要因検証のプロセスを演習で実体験する。
- 自職場や自業務に関する問題解決力の低さを題材にして、問題解決フレームワーク、ロジックツリー、SRストーリーを演習で作成体験する。
- 作成した問題解決フレームワーク、ロジックツリー、SRストーリーをチームメンバーに共有して理解を得るプロセスを演習で実体験する。

この問題発見研修1日コースを、全社員が問題解決について学ぶための受講機会として設定しました。

この問題発見研修1日コースで問題解決に関する基礎的な内容を学んだ後に、さまざまなバリエーションに対応した中堅社員向け問題解決研修で実践的な内容を学べるようにしました。そして、この中堅社員向け問題解決研修を、必要とする人たちが問題解決行動について学ぶための受講機

会として設定したのです。中堅社員向け問題解決研修の内容については、2.3節を参照してください。

◆ 教育の実施

このようにして、現場の関係者を巻き込みながら問題解決教育を現場へ展開するための検討に取り組んできたわけですが、進め方の全体像が一通り明確になって教育実施の段階に入った時点で、「結の会」という名称の組織を形成しました。「結の会」とは、経営トップをオーナーとする、問題解決教育の現場展開を推進するための関係者がメンバーとして集まった会議体であり、結とは結果に結び付けるという意味で名づけられたのです。この「結の会」が活動全体を推進する形で、まずは開発生産部門を先駆けとして問題解決教育の現場展開を現場主導で実施していき、この結果を踏まえて、営業部門を始めとする全社展開へと発展させていくことにしたのです。

「結の会」は毎週火曜日の午前に定例開催することになり、問題解決教育の現場展開に関する議論を現場目線で行うことで、現場が責任をもって主体的に取り組んでいける進め方を検討しました。このようにすることで、問題解決教育の教育部門からのやらされ感を解消するとともに、現場が自らのために取り組むことへの自覚を促すようにしたのです。そして、「結の会」での検討を通じて、次のような進め方で問題解決教育の現場展開を推進していくことにしました。

- 開発生産のトップ層がキックオフの場で問題解決教育の実施宣言を行う。
- 問題解決教育は問題発見研修1日コースで展開する。
- 開発生産のすべての役員は問題発見研修を受講する。
- 現場での問題解決教育は部長および管理職から一般社員へと順次実施する。
- 管理職以上を対象にした問題解決教育は教育部門主催で実施する。
- 一般社員を対象にした問題解決教育は現場主催で実施する。

3.2 現場への展開

- 研修トレーナーの発掘は現場で、育成は教育部門で実施する。
- 受講に伴う受講者の移動負担を抑制するために教育は現場で実施する。
- 受講募集、教材準備、教室設営などの実施準備は「結の会」で実施する。
- 問題解決教育実施後の現場実務での実践状況は「結の会」で確認する。

そして、このような一連の検討を通じて、問題解決教育の現場展開に関する取組みイメージが「結の会」のメンバー間で共有されたことを踏まえて、問題解決教育の現場展開の狙いと、問題解決教育の実施の目的を、改めて以下のように明確にしていきました。

まずは、問題解決教育の現場展開の狙いについて、「結の会」のメンバー間で再確認したのです（図表3.24）。当時の富士ゼロックスには解決しなければならない諸問題が山のように存在していましたが、これらの諸問題を深掘りしていくことによって、高い生産性とビジネス構造の変革が取り組むべき共通の課題であることを再認識したのです。そして、われわれが目

図表3.24　問題解決教育全社展開の狙い

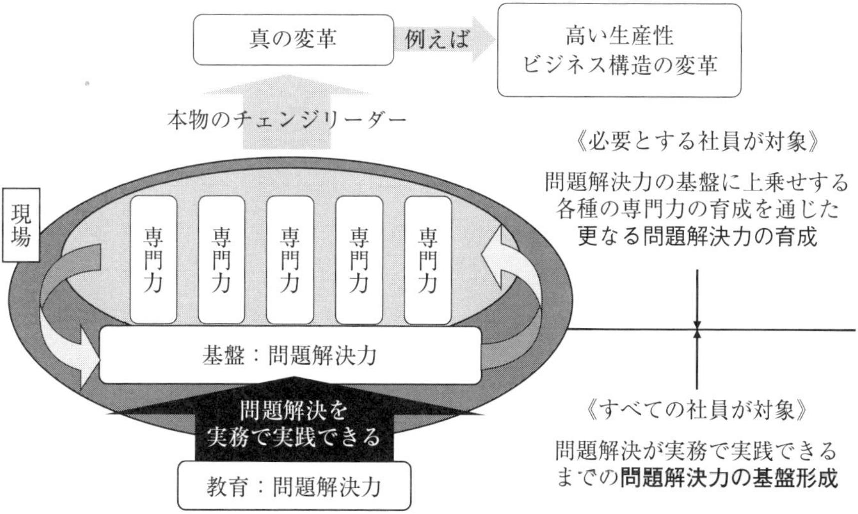

標としなければならない人材は、このような共通の課題の解決へ向けて真の変革を成し遂げることができる本物のチェンジリーダーであり、このような人材を育成していくことが問題解決教育の現場展開の狙いであることを「結の会」全体の総意として共有したのです。このような構図は何も富士ゼロックスだけに限らず、どの企業においても当てはまるものでしょう。

このような問題解決教育の現場展開の狙いを踏まえて、問題解決教育の実施の目的は、真の変革を成し遂げることができる本物のチェンジリーダーに求められる問題解決スキルを習得させること、であることを再認識したのです。そこで、問題解決スキル診断によって得られた結果をもとにして、問題解決スキルの現場での実態を現状把握したところ、全平均値が2.62という、問題解決スキルを自業務で活用しつつあるレベルであることがわかったのです（図表3.25）。ところが、問題解決スキルがこの程度のレベルでは、真の変革を成し遂げることができる、現場力を発揮できるような望ましい状態の現場にはなっていないのです。このような結果を踏まえて、望ましい状態の現場における問題解決スキルのレベル感を、最低値を2.0以上で全平均値を3.5として、この値を問題解決教育の実施の目標値としたのです。そして、問題解決教育を実施することによって、問題解決スキルのレベルが2.0未満の人たちを最低値の2.0以上にするとともに、全平均値未満のレベルの人たちを全平均値3.5に近づける、という変化を引き起こさなければならないことを「結の会」のメンバーで共有できたのです。

問題解決スキルを2.0以上のレベルにするためには、自業務で活用しているという状態にしなければならないため、座学だけで学びを得るような問題解決教育では困難です。このため、現場の実務と連携した形で学びを得るようにすることが必要であることから、問題解決教育の受講前後に現場の実務と連携するための事前課題と事後課題を設定することで、自業務で活用しているという状態をつくり出そうとしました。具体的には、問題解決教育の受講前後に受講者は以下のような事前課題と事後課題に取り組むことで、上司とともに学んだことを現場の実務で実践するようにしたの

3.2 現場への展開

図表 3.25 問題解決教育全社展開の目的

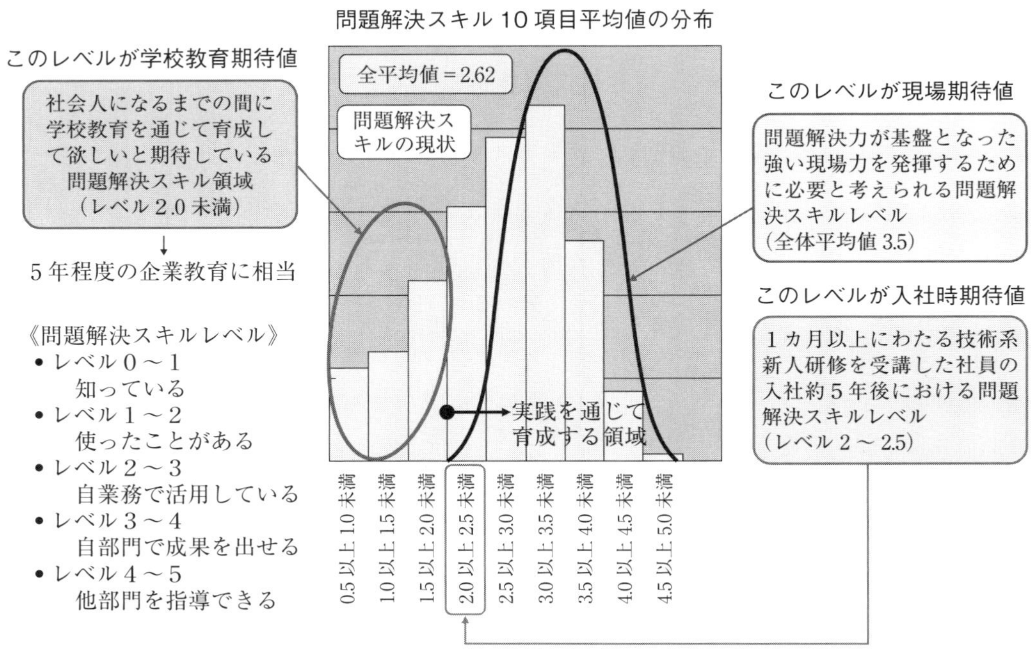

問題解決スキル10項目平均値の分布

全平均値＝2.62

問題解決スキルの現状

このレベルが学校教育期待値

社会人になるまでの間に学校教育を通じて育成して欲しいと力を期待している問題解決スキル領域（レベル2.0未満）

↓

5年程度の企業教育に相当

《問題解決スキルレベル》
- レベル0〜1
  知っている
- レベル1〜2
  使ったことがある
- レベル2〜3
  自業務で活用している
- レベル3〜4
  自部門で成果を出せる
- レベル4〜5
  他部門を指導できる

このレベルが現場期待値

問題解決力が基盤となった強い現場力を発揮するために必要と考えられる問題解決スキルレベル（全体平均値3.5）

このレベルが入社時期待値

1カ月以上にわたる技術系新人研修を受講した社員の入社約5年後における問題解決スキルレベル（レベル2〜2.5）

実践を通じて育成する領域

0.5以上1.0未満
1.0以上1.5未満
1.5以上2.0未満
2.0以上2.5未満
2.5以上3.0未満
3.0以上3.5未満
3.5以上4.0未満
4.0以上4.5未満
4.5以上5.0未満

です（図表 3.26）。

- **事前課題**：問題解決研修の演習で検討する題材を上司とともに事前検討
- **事後課題**：問題解決研修の演習で検討した結果を上司とともに実務実践

そして、問題解決教育の現場展開へ向けた取組みの全体像が明らかになってきた頃合いを見て、開発生産部門の管掌役員や各本部長に対して、取組みの全体像を説明するとともに、現場への実行承認を得るための行脚に出向いたのです。幸いにして、行脚に出向いた全員から快く実行承認を得られるとともに、自らの意思でもって現場展開を進めていくことを確約してくれたことから、問題解決教育の現場展開へ向けた具体的な活動に着手したのです。

図表 3.26 問題解決教育の進め方

	部長・管理職向け問題発見研修	一般社員向け問題発見研修
事前課題	自職場の「あるべき姿」を想像し、問題解決フレームワークで「あるべき姿と現状のギャップ」を認識する。	部長・G長より展開された内容より自役割での「あるべき姿」を想像し、問題解決フレームワークで「あるべき姿と現状のギャップ」を認識する。
研修内容	問題解決の考え方と基礎知識を学習し、受講者間で事前課題の検討結果をブラッシュアップすることを通じて、問題解決を現場実践するために必要なマインドと共通言語を醸成し、風土化へ向けての共通基盤を形成する。	同左
事後課題	本研修でのブラッシュアップを通じて認識した「あるべき姿」「あるべき姿と現状のギャップ」「解決すべき課題とロジックツリー」を自職場のメンバーと議論を通じて共有する。	本研修でのブラッシュアップを通じて認識した「あるべき姿」「あるべき姿と現状のギャップ」「解決すべき課題とロジックツリー」を部長・G長へ内容説明して妥当性を確認する。
現場実践	事後課題でメンバーへ展開した内容を自職場の業務を通じて実践する。	事後課題で部長・G長へ説明した内容を自職場の業務を通じて実践する。

3.2 現場への展開

　問題解決教育の実施計画は、2千人以上の対象者の全員受講に向けて半年間で60回を超える規模で策定されたのですが、このように大規模な実施計画を予定どおりに確実に遂行するためには、研修トレーナーの量的確保が懸案事項でした。このため、「結の会」のメンバーが所属している本部の各部門から、問題解決研修トレーナーとしての素養をもつキーパーソンを1名ずつ推薦してもらい、推薦されたキーパーソンに対して"腹落ち研修"と呼ばれるトレーナー教育を実施しました。各部門から推薦されたキーパーソンたちが、もし問題解決研修トレーナーを担当することに疑問や不満を抱いているとしたら、受講者に良い教育を提供できるはずがありません。そこで、"腹落ち研修"と名づけた研修を通じて、問題解決教育を現場展開することの背景や狙いを説明するとともに、問題解決研修トレーナーを担当することへの疑問や不満を、一つひとつ徹底的に解消していったのです。これらが一通り終わって、キーパーソンたちが腹落ちするのに半日の時間を費やしたのですが、この過程がその後の取組みを円滑に進めるために大いに役立ったのです。

　このようにして、「結の会」を推進母体として、開発生産部門を先駆けとした問題解決教育の現場展開が本格的に始まったのです。真っ先に部長および管理職を対象にした問題発見研修1日コースを実施することで、現場のマネジメント層が率先垂範して問題解決教育に取り組む姿勢を見せるとともに、研修の有効性を現場のマネジメント層が自ら実感することで部下への働き掛けを促進する、という実施効果を狙ったのです。このような進め方が功を奏して、受講後に実施したアンケートでは次のようなコメントが得られました。

- 問題解決は「手法の活用」ではなく「考え方」であり、フレームワークをベースに語るとコミュニケーションをとりやすくなる。
- あるべき姿は日常なかなか書くことがなかったが、現実とのギャップを明確にして、それをメンバーと共有することが業務上重要である。
- 改めて正しいプロセスで問題に取り組むことの必要性を感じた。

- 研修で学んだ問題解決の考え方は部下を指導する際の拠り所になる。
- 仮説検証データのとり方にいろいろあることがわかった。特に定性的なデータの検証手段として研修中に実施したことは有効に使えると考える。
- 問題解決を職場に広めて日常化していきたい。

このようにして、問題発見研修1日コースによる学びが現場のマネジメント層からの支持を受けたことから、この後の一般社員を対象にした教育が驚くほど順調に進展したのです。

そして、開発生産部門を対象とした問題解決教育の現場展開の進め方を成功事例として標準化したうえで、関連会社、営業・スタッフ部門、全職種の新人研修に順次波及させるように全社展開していったのです（**図表3.27**）。

このように進めてきた問題解決教育の全社展開が、やがて社外からの評価を得るようになってきたことから、学校教育や他企業を対象にした展開

図表3.27　問題解決教育の展開

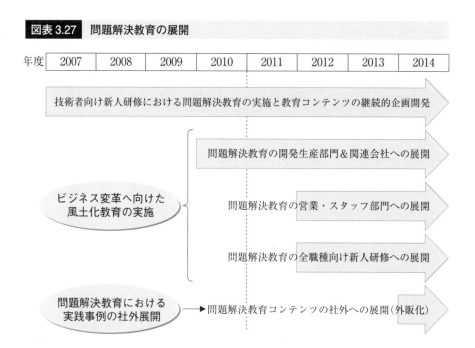

も視野に入ってきたのです。学校教育においては、ある中学校の授業にストロー橋製作実習が取り入れられたり、ある高校で問題解決教育プログラムを実施したり、ある大学でデータによる見える化について講義をしたりなどの展開を、富士ゼロックスに在籍している段階から行っています。さらに、筆者が富士ゼロックスを退職したことを契機に、問題解決教育を他企業に展開することにも取り組み始めています。

3.3 教育効果の検証

◆教育効果の測定

「教育効果の費用対効果を明確にしろ」ということを、いとも簡単に言う方々がいます。筆者自身も「投資対効果が明確にできないような教育はコストでしかない」と言われた経験があります。このとき筆者は、「なんと心ない発言だろう」と正直思いました。このような発言をする方々の気持ちもわからなくはないのですが、教育ということの本質をもっとよく理解したうえで発言してほしいと思うことが多々あります。筆者が取り組んできた問題解決教育の展開でいえば、問題解決が社内で風土化したことをどのようにしたら測定できるのかということなのです。しかも、風土化を要求する方々はその概念がほとんど明確にできていないのにもかかわらず、風土化に取り組む人たちに対してその概念の明確化を要求してくるのです。なんとも理不尽と思えるような話なのですが、納得できる形で教育効果を測定するということは、このようにとても難しいことなのです。

教育効果について研究している人たちによって、教育効果を測定する際の指標として役立つ評価レベルという概念が提示されています。この教育効果の評価レベルとは、直接的な観点での評価に始まり波及的な観点での評価に至る、5段階の指標で構成されるものです（**図表3.28**）。例えば、教育の実施後に行われる受講アンケートなどは直接的な観点である第1段階として、前述したような投資対効果などは波及的な観点のなかでも最高レ

図表 3.28　教育効果の評価レベル

評価レベル	評価内容	評価方法
第1段階 Reaction （反応）	研修内容が役立つ・役立たないといったような参加者の感想による評価	受講アンケートによる満足度評価
第2段階 Learning 学習	学習目的を踏まえた知識やスキルの変化による評価	ペーパーテストや実技を通じた理解度テスト
第3段階 Behavior （行動・態度）	仕事上の行動やコンピテンシーによる行動や態度の変化による評価	上司や部下へのヒアリング
第4段階 Result （結果）	研修による数量・品質・売上げ・利益率などへの寄与度を通じた成果による評価	経費節約分や収益増加分の測定
第5段階 ROI 投資利益率	教育費用と得られた効果との比較を通じた財務による評価	投資対効果の測定

ベルの第5段階として、各々設定しています。ところが、教育の範疇だけで取り扱えるのは第3段階以下の領域までで、第4段階以上の領域になってくると教育の範疇以外の要素がさまざまな形で影響してくることから、教育効果の部分を切り出すことがとても難しいのです。例えば、教育を実施したことによって生産性が高まって利益が増加したので、この教育を通じてこれだけの投資対効果が得られたというように、波及的な効果のすべてを教育効果として捉えてしまって本当によいのでしょうか。極端な言い方をすれば、生産性などは意気込みだけでも向上することがありますし、利益などはそもそも景気の動向に大きな影響を受けて変化するものなのです。このような意気込みや景気の動向といったような、教育とは関係がないような要素が複雑に絡み合って出てきた成果のなかから、教育による効果を推し量ることなどとてもできるとは思えません。

このようなことから、教育効果の評価レベルについては、第1段階から第3段階までは定量的に、第4段階と第5段階は定性的に、各々効果を把握するようにしました。ただし、筆者がこれまでに把握できたといえる教

育効果はせいぜい第3段階までで、第4段階では筆者の感覚程度が精一杯です。第5段階に至っては兆候すら把握できてないような状態なのですが、筆者はこれで良いと考えています。教育とは行動に良き変化を与えることを目的にして、さまざまな競争相手に打ち勝つための戦力としての現場力を高めるために行うものと考えるべきなのです。これは評価レベルの第3段階までの議論であり、ここは教育関係者が責任をもつべき領域なのです。そして、教育によって高まった現場力を積極的に活用していかなければより良い成果を獲得することができないと考えるべきなのです。これは評価レベルの第4段階からの議論であり、ここは経営者や管理者が責任をもつべき領域なのです。

ところが、この経営者や管理者が責任をもつべき領域まで、あたかも教育関係者が責任をもつべき領域であるかのごとく迫られているのです。教育関係者が教育をしただけで生産性や利益に良い変化が生まれるのなら、経営者や管理者など企業に存在する必要はないのです。教育という投資を決断したのは経営者や管理者なので、その投資対効果を最大化する責任は本来彼らがもつべきであり、教育関係者がもつべき責任は現場力を高めるための教育を実施することなのです。

◆教育効果の把握

筆者が富士ゼロックスにおいて取り組んできた問題解決教育に関する教育効果について、象徴的で、かつ差し障わりのない事例のいくつかを教育効果の評価レベルにもとづいて以下に紹介します。

【ある企業向け新人研修に関する教育効果】
ある企業向けに実施した新人研修4日間コースについて、研修終了時に実施したアンケートで受講者の感想を確認したところ、以下のような結果が得られました（図表3.29）。
《主な感想》
- 社会人になったものの、社会人って何をしたらいいのか、という状

図表 3.29　ある企業向け新人研修での問題解決教育効果の検証

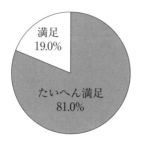

たいへん満足	81%
満足	19%
どちらとも言えない	0
やや不満	0
不満	0
無回答	0

態だったが、この研修で今後やるべきことが学べた。
- とても良かったと思う。ただ漠然と業務をこなすよりも、問題解決プロセスをわかっていると、対処しやすいと思う。
- 会社で働いていくための方針を得ることができたが、今回学んだことはすべて実践できること、必ず現場で実践します。
- 今まで一度も学んだことのない内容だったので、大変勉強になった。
- 問題解決というテーマで、どのようなプロセスで解決に導くのかを演習形式で学ぶことができ、とても実践的でした。
- 最初は知識として学び、後半は実践を通じて学びましたが、実践することで、難しさがよくわかりました。もう少し知識を知恵に変える実践をし、身につけたかったです。
- 問題は発見するための「なぜ？」「どうして？」を常に考えること、問題解決方法であるべき姿へ取り組むこと、具体的な行動を考えて振り返り、改善策を見つけることを常にくり返すことがわかった。
- 受講者全員が研修の内容を肯定的に評価している。
- 学生時代に学ぶことができなかった問題解決の基礎が教育できている。
- 社会人として求められていることを理解し実践できるようになっている。

この結果によって、富士ゼロックスの新入社員向けに実施してきた問題解決研修が、富士ゼロックス以外の新入社員に対しても十分に適用できる

3.3 教育効果の検証

教育プログラムであり、さらに役立つ知見を学ぶための場を提供できていることから、ほぼ狙いどおりに教育効果を発揮していることを確認できたのです。

これは、所感という観点にもとづく評価レベル1での教育効果です。

【問題発見研修に関する教育効果】

問題解決の風土化を目指して全社展開した問題発見研修1日コースについて、教育の実施前と実施6カ月後の問題解決スキルの診断結果を比較したところ、次の変化が見られたのです（**図表3.30**）。

- 問題解決スキルの分布が高いほうに移動して問題解決10項目スキルの総平均値が約1.3向上している。
- 問題解決スキルが2.5以下の層の人数が減少するとともに、2.5以上の層の人数が増加している傾向が顕著に見られる。
- 問題解決10項目スキルのすべてが向上している。
- 問題解決10項目スキルのなかでも、研修でターゲットとしたスキルに関する向上度合が他と比べて特に大きくなっている。

この結果によって、問題解決スキルが2.0以下の層を対象にして問題発見スキルの基礎を身につけさせるとともに、社員全員を対象にして問題解

図表3.30　問題発見研修での問題解決教育効果の検証

問題解決スキル10項目平均値の分布（%）

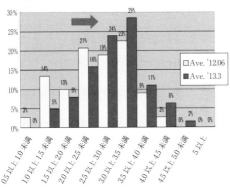

項目別平均値比較

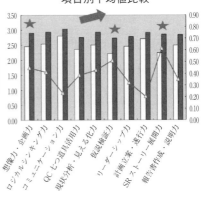

決に関する共通言語を獲得させるという、問題発見研修が狙いとしていた教育効果を発揮していることを確認することができたのです。

これは、効果という観点にもとづく評価レベル2での教育効果です。

【新人研修に関する教育効果】

長期間にわたって本格的な問題解決教育を実施してきた技術職向け新人研修について、問題解決スキルと活動成果との関係を確認したところ、次のような傾向が見られました（図表3.31）。

- チーム間競争での上位入賞回数が多いチームは上位入賞回数が低いチームと比較して、問題解決スキルのチーム平均値が高い傾向にある。
- 上位入賞回数の差異はグループワークスキルの差異が影響している。

この結果によって、問題解決スキルがチームとしての成果に影響を与えていて、なかでもグループワークスキルの影響度合が高いという、問題解決教育を通じて強調していることを事実として確認することができたのです。

これは、効果という観点にもとづく評価レベル2での教育効果です。

【教育効果に関する改善効果】

技術職向け新人研修では、問題解決10項目スキルを基軸にした32項目の社会人基礎力を評価基準として、各新入社員の能力を週単位で測定しています。この測定データの推移を確認することで、各新入社員の成長度合を把握するとともに問題解決教育プログラムの教育効果を検証したところ、2008年度の結果に望ましくない状態が見られました。そこで2009年度へ向けて改善を実施したところ、次の結果が見られました（図表3.32）。

- 2008年度の結果では、「コスト意識」「情報収集」「顧客意識」の3項目のレベルが他の項目と比べて定常的に低くなっている。
- 改善を実施した2009年度の結果では、「コスト意識」「情報収集」「顧客意識」の3項目のレベルが2008年度と比べて高くなっている。

3.3 教育効果の検証

図表 3.31　技術職向け新人研修での問題解決教育効果の検証

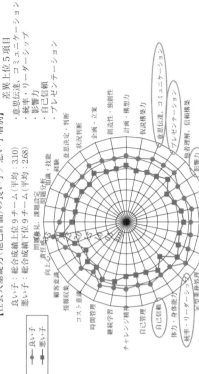

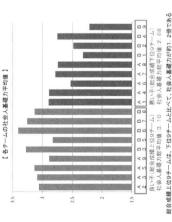

第3章 問題解決教育の導入と展開

図表 3.32 問題解決教育プログラムの改善効果

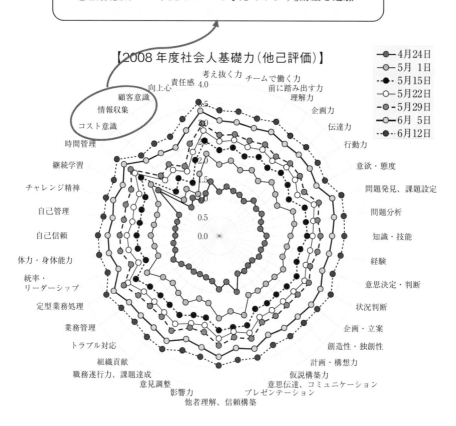

この結果によって、「コスト意識」「情報収集」「顧客意識」の3項目に関して改善を実施した教育プログラムの教育効果が、狙いどおりの改善効果を発揮していることが検証できたのです。

これは、改善という観点にもとづく評価レベル2での教育効果です。

3.3 教育効果の検証

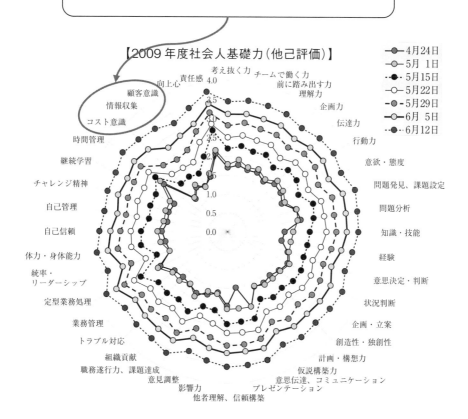

【コンピテンシーに関する教育効果】

　富士ゼロックスでは、成果に結び付く行動特性をコンピテンシーという形で定義していていますが、このコンピテンシーを社員全員が毎年一度評価し直し、社員個々の能力の実態を踏まえたうえで人材育成に取り組んで

203

います。そこで、このコンピテンシーと問題解決スキルとの相関関係を確認したところ、次の傾向が見られました（図表3.33）。

- 改善に関するツール活用のコンピテンシーとの相関が高い。
- 調整に関する要素が強い業務遂行力との相関が高い。

この結果から、仕事に取り組むための専門領域に関するコンピテンシーではなく、改善や調整といったような仕事の進め方に関するコンピテンシーと、問題解決スキルが高い相関関係をもつことを確認することができたのです。さらに、これらの問題解決スキルと高い相関関係をもつコンピテンシーのレベルが、問題発見研修を実施し始めた2010年度を変化点として、上昇傾向にあることも確認できたのです。

これは、変容という観点にもとづく評価レベル3での教育効果です。

◆ **人材育成への展開**

これまでに何度となく説明してきたように、問題解決は仕事の基本です。この前提に立って考えると、問題解決教育の目的は仕事の基本を身につけることと考えることができます。つまり、単なる知識習得を目的にし

図表3.33　コンピテンシーでの問題解決教育効果の検証

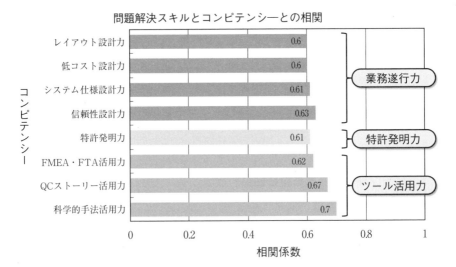

て短期間で行われるスキル教育とはわけが違って、長い期間をかけてさまざまな教育に取り組まねばならない人材育成という視点が欠かせないのです。このように考えると、問題解決教育に関する教育効果としては、これまで紹介してきたような、実施した教育自体の観点にもとづく効果確認だけでなく、教育によって育成すべき人自身の観点にもとづく効果確認も必要となるのです。すなわち、教育を通じた自分自身の成長度合が確認できるだけでなく、更なる成長へ向けたこれからの取組み方を確認できるようになっていることが望ましい姿なのです。

筆者が取り組んできた問題解決教育においては、「問題解決10項目スキル」「パフォーマンス」「利き脳」という3種類の診断基準を通じて、人自身の観点にもとづく効果確認を実施できるようになっています。この3種類の診断基準を適用できるような教育プログラムによって問題解決教育を実施することで、各受講者が問題解決教育を受講するごとに、問題解決研修振り返りレポートとして、自分自身の成長度合をその都度確認できるようになるのです(**図表3.34**)。そして、その結果を踏まえることで、更なる成長へ向けた自分自身へのレビューを行うことができるようになるのです。すなわち、問題解決力を身につけていくための自分自身の成長に関する改善サイクルを、問題解決教育を受講するごとに繰り返し回していくことができるようになるのです。まさに、この自分自身の成長に関する取組み自体が、問題解決行動そのものの実践になっているのです。

これは、人材育成という観点にもとづく評価レベル3での教育効果です。

◆おわりに

これまで、富士ゼロックスにおいて筆者が取り組んできた問題解決教育の展開に関する教育効果のいくつかを紹介してきました。これらの評価レベル1から3の教育効果を通じて、問題解決教育が効果的に実施されていて、仕事の基本を身につけた人材の育成に役立っていることを確認できています。まさに、このように育成されてきた人材を現場の仕事で活用しながら、組織としての成果を獲得して最終的に投資対効果を高めていくこと

第3章 問題解決教育の導入と展開

図表3.34 問題発見研修振り返りレポート

問題解決研修振り返りレポート

各種問題解決関連スキル診断の結果に関する振り返り − その①

《問題解決スキル（受講者平均値と自己値）》

スキル項目	平均	自己	左記のスキル項目に求められる行動特性	保有能力の自覚（強み or 弱み）	今後の進め方（強みの強化 or 弱みの改善）
想像力・企画力	2.1	2.5	環境与件を認識した上で問題解決フレームワークで発見した問題を整理する		
ロジカルシンキング力	2.1	2.0	現状をあるべき姿へ変革するための課題を分解して実行施策を立案する		
コミュニケーション力	2.3	2.5	現状分析やなぜなぜ展開や環境与件検討などの場で関係者と共通概念を形成する		
QC七つ道具活用力	1.9	1.0	実行施策を遂行しながら科学的アプローチで改善活動を実施する		
現状分析・見える化力	2.2	1.5	事実データに基づいた現状分析やなぜなぜ展開を通じて現状を見える化する		
仮説検証力	1.9	1.0	事実データに基づいた仮説の検証を通じて真因を追究する		
リーダーシップ力	1.7	1.0	目標達成の基準を明確化して達成へ向けて関係者に働き掛けて動機付けする		
計画立案・実行力	2.0	2.0	目標の達成へ向けた実行計画や施策を立案して継続的改善を遂行する		
SRストーリー展開力	1.8	1.5	仕事の節目で取り組みと結果のレビューを実施しながら継続的改善を遂行する		
報告書作成・説明力	2.1	1.0	問題解決して取り組んだ結果を改善事例として見える化して関係者と共有する		
総合評価値（平均値）	2.0	1.6	スキル項目10項目の平均値		

《パフォーマンス（他己評価）》

評価項目	他己	自己	左記の評価項目に求められる行動特性	保有能力の自覚（強み or 弱み）	今後の進め方（強みの強化 or 弱みの改善）
実行力	2.0	3.6	保有している能力を必要な場面に応じて適宜発揮している		
統率力	2.8	1.0	全体的視点でグループワークを円滑にかつ効率的に進めている		
提案力	3.4	3.4	グループの成果に貢献する適切な意見や考えを提示している		
責任感	4.8	2.0	立場や役割を意識した上で本来なすべき対応を実施している		
積極性	3.2	2.4	自らができることについては他に率先して取組んでいる		
総合評価値（平均値）	3.2	2.5	評価項目5項目の平均値		

3.3 教育効果の検証

問題解決研修受講時に実施した各種問題解決関連スキル診断の結果

No.	受講日時	受講研修	会社	所属	受講者
1	2015.01.26-27	問題解決研修2日間コース	富士ゼロックス株式会社	＊＊部	山田太郎

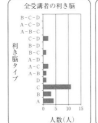
全受講者の利き脳

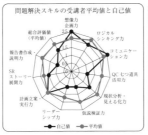
問題解決スキルの受講者平均値と自己値

パフォーマンスの他己評価と自己評価

①あなたの利き脳タイプはA型です。
　《参考情報》　問題解決者⇒Aタイプ、計画者⇒Bタイプ、社交家⇒Cタイプ、理想家⇒Dタイプ、その他⇒各種複合タイプ

②あなたの問題解決スキルの総合評価値(10項目平均値)は1.60で、全受講者の平均値である2.02と比べて低いレベルになっています。
　《参考情報》　新人層⇒2以上、若手層⇒2.5以上、中堅層(一人前)⇒3以上、リーダー層⇒3.5以上、管理職⇒4以上

③あなたのパフォーマンスの総合評価値(5項目平均値)は自己評価で2.48で、他己評価である3.24と比べて低いレベルになっています。
　《参考情報》　自己評価＝他己評価⇒適正評価、自己評価＞他己評価⇒過大評価、自己評価＜他己評価⇒過小評価

★上記の問題解決スキルのレーダーチャートを見て自分の強みと弱みを確認し、特に弱みになっている領域の強化を図るようにしてください。

各種問題解決関連スキル診断の結果に関する振り返り – その②

《利き脳(受講者平均値と自己値)》

利き脳領域	平均	自己	左記の利き脳領域に関する特徴的な行動特性	利き脳領域の自覚(強み or 弱み)	今後の進め方(強みの強化 or 弱みの改善)
A領域	3.5	3.0	問題解決者タイプ⇒技術的/数学的/分析的/論理的な指向性に富む		
B領域	4.5	4.0	計画者タイプ⇒厳密的/管理的/組織的/保守的な指向性に富む		
C領域	5.5	5.0	社交家タイプ⇒友好的/対人的/感覚的/感情的な指向性に富む		
D領域	6.5	6.0	理想家タイプ⇒概念的/全体的/芸術的/総合的な指向性に富む		

《チームメンバーからの一言コメント》

パフォーマンス自己他己評価に付随した褒め言葉やアドバイスなど	今後の進め方(強みの強化 or 弱みの改善)
aaaaaaaaaaaaaaaaaaaaaaaaaaaaaaaaaaaaaaaaaaa	
bbbbbbbbbbbbbbbbbbbbbbbbbbbbbbbb	
cccccccccccccccccccccccccc	
dddddddddddddddddddddddddddddddddddddddddddddddd	
eeeeeeeeeeeeeeeeeeeeeeeeeeeeeeeeeeeeeeeeeeeeeeeeee	
ffffffffffffffffffffffffffff	

《今後の自己成長の方向性》

を、経営者や管理者の責任の下で取り組んでいかねばならない段階に既に入ってきているのです。筆者が富士ゼロックスを退職するまでの期間においては、この段階での取組みで結果を出すまでには至りませんでしたが、この段階でのこれからの取組みが、これまでに蒔かれた種が実を結んで成果の果実を刈り取れる状態をつくるのです。

あとがき

　筆者は、富士ゼロックスに入社して以来一貫して、市場のお客様に良い商品をお届けするために、どのようにして品質や信頼性を商品（製品）につくり込んでいくのか、ということに取り組んで、そして考え続けてきました。とはいうものの、振り返ってみれば、市場のお客様の下で発生してしまったトラブルに追われながら、結果として品質や信頼性をつくり込んでいくという、後追いの再発防止的な取り組みがほとんどでした。市場のお客様の下に商品をお届けする前段階で品質や信頼性をつくり込んでいくという、前掛かりの未然防止的な取組みでトラブルが発生しないようにできたといえるのは、ほんの一握りしかないくらいの印象です。しかも、品質や信頼性をつくり込むとはいっても、どのようにして取り組めば良いのかもわからないまま、良いものをつくるという意気込みと技術的な専門知識をもって、当時は力任せにただがむしゃらに取り組んできたのです。

　ところが、仕入先の部品メーカーでつくられた部品に関する市場トラブル改善という、直接の当事者ではないトラブルに直面するようになってから、きちんとした仕事の基本にもとづいてものがつくられていないことがしだいに見えてきたのです。どの部品メーカーも独自の取組み方でものをつくっていて、考え方や進め方に千差万別の感があり、自分の仕事もこのようであったのだろうと思うことしきりでした。このようなことから、自らの反省を踏まえて、良いものをつくるためには、もしくは、良いコトをするためには、きちんとした仕事の基本に立ち戻る必要があると考えたのです。では、きちんとした仕事の基本とは何なのか、それはトラブルや問題を引き起こさないような仕事の進め方であり、再発防止ではなく未然防止を狙いとした問題解決の進め方である、との結論に至ったのです。

　以上のことから、筆者自らの経験にもとづいて、仕事の基本としての問

あとがき

題解決の進め方を明確にしようと考えました。問題解決には勝利の方程式のような具体的な進め方としての絶対的な正解はありません。さまざまな事態に対して臨機応変かつ適切に対応するための、問題解決行動にもとづく5つの勘所にもとづく正しい考え方があるだけです。筆者は、本書および前著2作を通じてこの考え方をより多くの方々と共有できるようにするとともに、問題解決教育の展開を通じて富士ゼロックスを始めとする各企業、更には学校教育界へと展開してきています。本書をお読みいただいた読者の皆様に、この考え方をご自身の仕事に取り入れていただけると幸いです。

2015年9月

鈴 木 洋 司

参 考 文 献

鈴木洋司『技術者の仕事の基本 問題解決力』日科技連出版社、2012 年
齋藤孝『アイデアを 10 倍生む考える力』大和書房、2006 年
野村るり子『面白いほど身につく論理力のドリルブック』中経出版、2005 年
大前研一『考える技術』講談社、2004 年
福島文二郎『9 割がバイトでも最高のスタッフに育つディズニーの教え方』中経出版、2010 年
遠藤功『現場力を鍛える「強い現場」をつくる 7 つの条件』東洋経済新報社、2004 年
藤巻幸夫『特別講義コミュニケーション学』実業之日本社、2010 年
細谷功『地頭力を鍛える問題解決に活かす「フェルミ推定」』東洋経済新報社、2007 年
白潟敏朗『仕事の 5 力』中経出版、2008 年
朝倉匠子『自分力の鍛え方』ソーテック社、2006 年
萩原正英『上手な問題解決の方法が面白いほどわかる本』中経出版、2007 年
佐藤允一『新版 図解・問題解決入門』ダイヤモンド社、2003 年
渡辺健介『世界一やさしい問題解決の授業』ダイヤモンド社、2007 年
西村克己『戦略思考トレーニング』PHP 研究所、2002 年
柴田昌治『なぜ会社は変われないのか』日本経済新聞出版社、2003 年
ネッド・ハーマン著、高梨智弘訳『ハーマンモデル』東洋経済新報社、2000 年
神永正博『不透明な時代を見抜く「統計思考力」』ディスカヴァー・トゥエンティワン、2009 年
ジーン・ゼラズニー著、数江良一・管野誠二・大崎朋子訳『マッキンゼー流図解の技術』東洋経済新報社、2004 年
P. F. ドラッカー著、上田惇生訳『マネジメント基本と原則』ダイヤモンド社、2001 年
遠藤功『見える化 強い企業をつくる「見える」仕組み』東洋経済新報社、2005 年
岩崎夏海『もし高校野球の女子マネージャーがドラッカーの『マネジメント』を読んだら』ダイヤモンド社、2009 年
加古昭一『問題解決の手法が面白いほどわかる本』中経出版、1996 年
佐藤允一『問題構造学入門』ダイヤモンド社、1984 年
内田和成『論点思考』東洋経済新報社、2010 年
渡辺パコ『論理力を鍛えるトレーニングブック意思伝達編』かんき出版、2002 年
西村克己『ロジカルシンキングが身につく入門テキスト』中経出版、2003 年

索　引

[英数字]

Excel を活用したデータ分析スキル　82
How to　5
KKD　38
SR ストーリー　47, 61
What　4

[ア　行]

あるべき人材　157
あるべき姿　38, 177
暗黙知　43

[カ　行]

会社とは　17
改善目標値　59
活動経緯報告　62
紙ブーメラン製作実習　114
紙結び製作実習　106
考える力　15
環境与件　55
記憶する力　15
利き脳　95, 159
ギャップ　38
教育効果の把握　197
教育効果の評価レベル　196
教育コンテンツ　71, 73, 80, 103
グループ討議　94
グループワーク　42
　——実習　92
　——スキル　94
　——のパフォーマンス　45
形式知　43
研修テキスト　69

現状把握　54
高生産性　148
コミュニケーション　4, 94, 99
コンピテンシー　203

[サ　行]

自己成長度合　161
自己他己評価　164, 166, 167
実行施策　60
実行力　45
実務展開力　72
社員構成の変化　149
人材育成の方向性　149
社会人基礎力　161, 164
週間まとめ　159
職務階層　137
人材育成の方向性　149
人材像　22
新人研修　157
新入社員の気質　8
真の原因　38
ストロー橋製作実習　118
責任感　45
積極性　46
創造知　44
想像力　94, 102

[タ　行]

多能工化　148
提案力　45
ディベート　99
データ分析実習　81
データベースのつくり方　84
統率力　45

213

索　引

[ナ　行]

なぜなぜ　53
望ましくない状態　53

[ハ　行]

ハイパフォーマーの行動特性　168
人を動かす力　15
ポジティブ・リスニング　100

[マ　行]

ものづくり製作実習の全体イメージ　105
問題　38
問題解決教育　19, 22, 177
　——コンテンツ　129, 132
　——の現場展開　188
　——の進め方　192
　——の展開　194
問題解決教育プログラム　123
　技術職中堅社員向け——　139
　既存社員向け——　126
　新入社員向け——　124
　新入社員向け——（短期間型）　142
　全職種中堅社員向け——　139

問題解決研修トレーナーの育成　65
問題解決行動　30, 46, 88
　——の勘所　49
　——の進め方　30
　——の取組み方　49
　——の取組み事例　51
問題解決スキル　32, 72, 132
問題解決に関する誤解　27
問題解決の三種の神器　47
問題解決の進め方の全体像　48
問題解決フレームワーク　47, 56
問題解決力　17, 19, 24, 42
　——強化のポイント　186
　——の育成　155
問題発見　38
　——研修　73

[ヤ　行]

要因検証　40
要因ドン演習　85

[ラ　行]

リーダーシップ　94
レゴロゴ製作実習　110
ロジックツリー　47, 58

◆著者紹介

鈴木　洋司（すずき　ひろし）
Office Bell Tree　問題解決パートナー
1954 年　生まれ
1976 年　富士ゼロックス株式会社入社
　研究、開発、設計、評価、生産技術、品質管理、品質保証など、入社後一貫して技術職に従事しながら問題解決に関する知見を培い、これまでの経歴を生かして、問題解決に関する教育プログラムや教材の企画開発、研修実施、研修トレーナー育成、全社教育推進に従事。
2015 年　富士ゼロックスを退職し、現職へ。

【著書】
『技術者の仕事の基本　問題解決力』（日科技連出版社、2012 年）
『技術者の仕事の勘所　問題解決実践力』（日科技連出版社、2014 年）

【連絡先】
suzuki.hiroshy@gmail.com
講演や研修のご依頼は上記メールアドレスにお願いいたします。

問題解決教育の社内展開
本当に役立つ社内教育の進め方がわかる

2015 年 11 月 2 日　第 1 刷発行

検印省略	著　者　鈴　木　洋　司 発行人　田　中　　　健 発行所　株式会社　日科技連出版社 〒151-0051　東京都渋谷区千駄ケ谷 5-15-5 　　　　　DS ビル 　　　　　電話　出版　03-5379-1244 　　　　　　　　営業　03-5379-1238

Printed in Japan　　　　　　　　　印刷・製本　中央美術研究所

© Hiroshi Suzuki 2015　　　　　　URL　http://www.juse-p.co.jp/
ISBN 978-4-8171-9564-7

本書の全部または一部を無断で複写複製（コピー）することは、著作権法上での例外を除き、禁じられています。

技術者の仕事の基本 問題解決力
本当の問題発見と問題解決がわかる

鈴木　洋司　著
A5判　208ページ

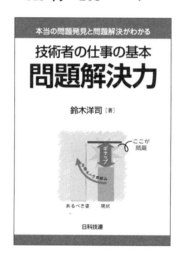

　本書は、問題解決を仕事に必要な総合実務能力と位置づけ、QC七つ道具などの問題解決の手法の解説のみならず、現場実務で成果を出すための仕事の進め方、周囲を巻き込むために必要なプレゼンテーションやコミュニケーション、リーダーシップなどのスキルについても解説しています。

　「ありたい姿」と「現状」とのギャップを「問題」と捉え、この問題を解決する手法や考え方、職場での周りを巻き込んだ仕事の進め方などのスキルを解説します。また、問題に気づくための手法についても解説します。

―――― 主要目次 ――――

- 第1章　問題解決について考える
- 第2章　問題解決フレームワークで考える
- 第3章　問題を発見する
- 第4章　課題を設定する
- 第5章　課題を解決する
- 第6章　結果を共有する
- 第7章　より良いグループワークを実践する

日科技連出版社の図書案内は、ホームページでご覧いただけます。
URL http://www.juse-p.co.jp/

技術者の仕事の勘所 問題解決実践力
問題発見と問題解決の進め方がわかる

鈴木　洋司　著
A5判　192ページ

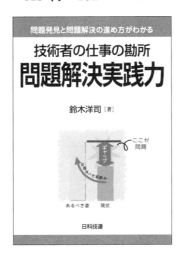

　問題解決力は企業内だけに留まらず、小中学校の教育指導要綱のなかにも「生きる力を育む問題解決力」として取り入れられており、基盤スキルとして、社会的に認知されています。問題解決には、「これが正解である」といった定型化した進め方はありませんが、定石というものはあります。それを本書では一連の進め方として説明しています。
　本書は、実際の現場実務においてどのように問題解決を進めるのか、そのポイント(勘所)を解説します。

---- 主要目次 ----

第1章　問題解決力の必要性と重要性	第3章　問題解決活動の進め方と勘所
第2章　問題解決スキル	第4章　問題解決活動の勘所の鍛え方

日科技連出版社の図書案内は、ホームページでご覧いただけます。
URL http://www.juse-p.co.jp/